나 그리고 우리를 위한 복 짓기

윤 달 과 신 행 생 활

나 그리고
우리를 위한
복 짓기

구미래 지음

아름다운인연

　'짓다'는 참으로 아름다운 우리말입니다. 특히, 불교의 관점에서 보면 연기적 세계관을 고스란히 담고 있습니다. 밥을 짓다, 옷을 짓다, 집을 짓다, 복을 짓다 등은 '제조', '건축'과 같이 마음과 정성이 배제된 무미건조한 말과는 매우 대조적인 표현입니다. '짓다'에는 너와 나, 주체와 객체의 이분법적 분별의 마음과 그에 따른 주재자의 의도적 행위가 개입되어 있지 않습니다.

　밥과 옷 그리고 집을 짓는다는 것은 나와 관계된 가족을 비롯한 공동체 구성원을 향한 꾸밈없는 본마음의 작용입니다. 복을 짓는 것도 마찬가지입니다. 복을 짓는 과정에는 행위자와 대상 그리고 그 내용이 별개의 것으로 작동되거나 상호 배척되지 않습니다. 분별의식으로 구하는 바 없는 짓는 행위이기에 항상 따뜻함과 상생의 원리가 작용합니다.

‘응무소주 이생기심應無所住 而生其心’, 머무는 바 없이 마음을 내는 것이 ‘짓다’입니다.

우리 사회는 서구의 합리와 논리의 사유체계에 젖어 ‘나’라는 주재자의 관점이 부각되었습니다. 이는 ‘너’를 항상 동반하게 됩니다. 혹은 ‘나’의 고립된 섬이 만들어 집니다. 분별과 대립이 만연하게 됩니다. 연민과 상생의 동반자가 소외와 갈등의 대상으로 전락합니다.

불교의 세계관은 연기입니다. ‘천지동근天地同根 만물일체萬物一體라, 하늘과 땅도 나와 더불어 하나의 뿌리이고 만물이 나와 더불어 한 몸이라’ 하였습니다. 중도연기의 입장에서는 아상·인상·중생상·수자상의 사상四相이 자리할 수 없습니다. 사상이 없는 밥과 옷, 집과 복을 짓는 행위는 그 어떠한 대가를 바라지 않는 어머니의 마음이며, 가족을 위해 헌신하는 아버지의 마음이며, 곧 보살의 마음이고 실천입니다.

‘윤달’에 복을 짓는다는 것은 한정된 시간과 공간을 의미할 수 있습니다. 복을 지음에 시간과 공간의 제약이 어찌 있겠습니까? 다만, 우리는 훈습된 중생 업식으로 인하여 일상의 삶에서 24시간 본래마음을 쓰지 못하고 있습니다. 때문에 방편으로 ‘윤달’을 설정할 뿐이며, 한정된 시간과 공간에

서라도 본래심을 회복하기 위해 노력하다 보면 그 시간은 길어지고 공간은 넓어질 것이라 믿습니다. 그리고 어느 순간 노력한다는 그 마음까지 사라진 보살만행으로서의 윤달 복 짓기는 일상의 삶에서 현현할 것입니다.

이번 조계종출판사에서 출간되는 『나 그리고 우리를 위한 복 짓기』는 이러한 측면에서 신행활동의 좌표가 될 것이라 믿어 의심치 않습니다. 사찰의 주지 스님은 주지 스님의 입장에서, 신도는 신도의 입장에서 '복 짓는' 데 도움이 되길 바라며 추천사에 갈음합니다.

대한불교조계종 의례위원장 인묵 합장

책머리에

　윤달은 음력문화의 산물이고, 달이 주는 시간 선물이다. 어쩌면 현대의 젊은이들은 윤달의 존재조차 모른 채 살아갈지도 모른다. 그러나 밤하늘에 떠오르는 달이 있는 한 윤달은 언제고 인간과 함께하는 시간이요, 일상 속에 찾아드는 신비로운 시간이다.

　윤달의 민속에는 한국인의 해학적이고, 긍정적인 성향이 담겨 있다. '윤閏'이라는 글자를 풀어 보면 문[門] 안에 왕[王]이 있는 모습이듯이, 윤달에는 왕이 집무를 보지 않고 숙소에 머문다는 뜻을 담고 있다. 이렇듯 중국에서는 윤달을 '비상월非常月'이라 하여 아무 일도 하지 않고 근신하는 풍조가 강했다. 지금도 중국인들은 윤달이면 붉은 속옷을 입어 액막이를 하는 등 윤달의 부정적인 측면에 비중을 두고 있다.

이에 비해 우리의 선조들은 윤달을 일상을 훼손하는 시간이 아니라 오히려 풍요롭게 하는 시간으로 받아들였다. 윤달은 덤으로 받은 시간이기에 인간을 감시하는 신들도 휴가를 갔다고 보았고, '송장을 거꾸로 세워도 탈이 없다'고 할 정도로 일상의 금기에서 해방되는 시간으로 여겼던 것이다.

불확실한 시간에 대해 경계하는 마음도 종교적 시간으로 승화시켜 왔다. 윤달을 '기도하면 감응하는 달'로 여기면서 자리이타自利利他의 공덕을 짓는 풍습은 '선善보다 강한 무기가 없다'는 사실을 보여 준다. 적극적인 선행, 순수한 마음으로 짓는 공덕이야말로 모든 번뇌와 재난을 없애고 한량없는 복을 불러일으키는 원동력이기 때문이다. 따라서 우리의 윤달민속에는 신의 감시에서 벗어났다는 유쾌함이 있는가 하면, 한편으로는 모호한 시간을 복되게 보내려는 신중함이 함께 했던 셈이다.

윤달에 복을 짓는 풍습은 일상에서 벗어난 시간에 초월적 힘이 깃들어 있다고 가정하는 데에서 비롯된다. 그런 의미에서 옛사람들은 윤달은 물론이거니와 일상도 윤달처럼 살았다. 스스로 종교인이라 생각하지 않으면서도 지극히 종교적인 삶을 살았던 것이다. 그들에게 종교적 삶이란 '섭리에 대한 믿음'이다. 삶의 공간 어느 곳에나 신이 깃들어 있다고 여긴 까닭에 끊임없이 자신을 돌아보고 반성하는 삶이 가능하였다. 일상의 건강하고 도덕적인 삶이 신의 의지에 부합하는 복 받는 삶임을 피부로 깨달아, 기복은 있으나 그와 상반된 행동을 하는 삶은 인과응보가 따르게 된다는 것을 믿었다.

'나쁜 짓을 하지 말고 착한 일을 받들어 행하라.'

삼척동자도 알지만 여든 노인도 실행하기 어려운 명제라 한다. 현대인들은 특정 종교를 믿으면서도 옛사람들보다 종교적이지 않은 삶을 살아가는 것은 아닐까. 오늘날의 우리는 일상에서 벗어난 시간을 종교적으로 맞았던 윤달의 심성을 회복해야 하리라. 그래서 윤달의 마음가짐과 섭리를 일상에 적용시키고, 윤달에 짓는 복은 윤달뿐만 아니라 일상에서도 큰 공덕이라는 사실을 깨달아야 하리라.

공교롭게도 필자는 윤달에 태어났다. 따라서 음력을 쓰게 되면 평생에 생일이 서너 차례밖에 돌아오지 않아 어린 시절부터 양력으로 생일을 맞고 있다. 원고를 쓰면서 처음으로 필자의 윤달생일을 찾아보았더니 모르는 사이에 두 차례가 지나간 터였다. 그래서 다가오는 윤달생일은 의미 있게 보내야겠다며 찾아보니 38년이나 지나서 돌아오는 게 아닌가. 인생은 알아차리는 순간 저 멀리 달아나 버리는 것이어서 매순간 조금 더 깨어 있어야겠다고 새겨본다. 윤달의 가르침 또한 그러한 것이듯…….

윤달에 대한 내용을 한 권의 책으로 펴내는 것은 쉬운 일이 아니다. 윤달은 몇 년에 한 번 돌아올뿐더러 단 한 달에 불과한 시간이요, 우리네 삶에서 윤달이 많이 거론되는 것도 아니기 때문이다. 윤달의 역사와 문화는 우리 민족과 함께해 왔음에도 지금까지 국내에 윤달 관련 책이 소개되지 않았던 것은 바로 이런 연유에서일 것이다. 그럼에도 윤달 문화의 사회·문화적 가치에 의미를 두고 본 도서의 출간을 맡아 준 조계종출판사에 고마운 마음이 크다.

2014년 8월

구미래

1장
업을 녹이고
복을 짓기

참회하는
마음으로
녹이는 업

모든 존재는 태어난 이상 크고 작은 업을 지으며 살아갈 수밖에 없다. 특히 불교에서는 윤회하는 삶 속에서 현생만이 아니라 무수한 전생에 이르기까지 자신이 알게 모르게 지어 왔을 모든 업에 끊임없이 참회하는 것을 중요하게 여긴다.

"나는 별다른 악업을 짓지 않고 착하게 살아왔으니까 참회를 할 이유가 없을 거야."

스스로 이와 같은 생각을 하는 이라면 참으로 선한 사람임에 틀림없을 것이다. 그러나 다음의 「큰 돌과 작은 돌」 이야기를 곰곰이 새겨보자.

이웃해 사는 두 여인이 마을 근처에 있는 절을 자주 찾곤 하였다. 스님이 보아하니 한 여인은 젊었을 때 자신의 잘못으로 남편과 헤어진 일에 대해 괴로워하며 스스로를 큰 죄인으로 여기고 있었고, 또 다른 한 여인은 살아오면서 큰 죄를 지은 일이 없어 사뭇 거만하고 자기중심적이었다.

하루는 스님이 두 여인을 불러 말했다.

"지금 마당으로 나가서 이쪽 부인께서는 큰 돌 하나를, 저쪽 부인께서는 작은 돌 열 개를 가져오십시오."

두 여인이 돌을 가지고 오자, 다시 말했다.

"번거롭겠지만 두 분이 방금 가지고 오신 돌을 원래의 자리에 갖다 놓으십시오."

큰 돌을 들고 왔던 여인은 쉽게 제자리에 갖다 놓았지만, 작은 돌 열 개를 주워 왔던 여인은 원래의 자리를 일일이 기억해낼 수가 없었다.

"죄라는 것도 이와 마찬가지입니다. 크고 무거운 돌은 어디에서 가져왔는지를 분명히 기억할 수 있어 제자리에 갖다 놓을 수 있으나, 작고 많은 돌들은 원래의 자리를 알기 어려우므로 도로 갖다 놓을 수가 없는 것입니다. 큰 돌을 들고 오신 부인께서는 한때 지은 죄를 기억하고 겸허하게 반성하며 살아왔습니다. 그러나 작은 돌을 주워 오신 부인께서는 살아오면서 소소하게 지어 온 작고 가벼운 죄들을 모두 잊고 뉘우침 없는 나날을 보낸 것입니다."

큰 허물은 쉽게 드러나 마음의 짐이 크고, 참회도 벌도 따르기 쉽다. 그러나 살아오는 동안 몸[身]과 말[口]과 마음[意]으로 지은 작은 허물은 조금씩 쌓이고 쌓여 결국 중생업이 되고 자칫 마음의 짐도 참회도 없이 살아가게 만든다.

부처님은 '전생의 일을 알고자 하면 금생에 받는 삶을 보고, 내생의 일을 알고자 하면 금생에 짓는 업을 보라[욕지전생사 금생수자시 욕지내생사 금생작자시 欲知前生事 今生受者是 欲知來生事 今生作者是]'고 하셨다. 불교의 첫걸음은 인과와 윤회에 대한 믿음에서 시작된다. 빙산의 대부분이 물에 가려 있듯이, 보이지 않는 전생의 업이 현생의 업보다 훨씬 영향력 있다고 한다. 자신도 모르게 현생에서 받고 있는 전생의 업을 녹여 없앨 수 있는 방법은 스스로 참회하는 길밖에 없다.

이에 불자들의 기도는 아무런 전제 조건 없이 '잘못했습니다' 하고 지극히 참회하는 마음으로 시작한다. 참회는 자신과 화해하는 일이며, 지금 이 자리가 과거에 맺은 업을 푸는 동시에 새로운 업을 만드는 자리임을 깊이 새기는 일이다. 그리고 자신의 삶을 인정하고 자신과 약속하는 일이다. 지금 나의 모습은 내가 살아온 삶의 결과이고, 인과응보는 절대자가 내리는 것이 아니라 스스로 짓고 받는 것임을……

부처님은 또 인과응보나 윤회를 먼 과거와 미래의 일로만 돌려서는 안 된다고 하셨다. 육도의 세계는 죽은 뒤에 펼쳐지는 내세에서만 존재하는 것이 아니라 현생의 내 마음속에서 순간순간 재현되고 있다. 생사는 목숨이 다하는 것만이 아니라 한 생각이 일어나고 사라지는 것까지를 포함한다. 마음이 분노와 탐욕으로 들끓고 어리석음으로 뒤덮여 있으면 그것이 곧 지옥이요, 고요한 상태에서 지극한 선이 피어오르면 그 자리가 천상과 다름없다. 따라서 순간순간 일어나는 마음에 따라 끊임없이 육도를 윤회한다고 보는 것이다. 악한 씨를 심으면 고苦의 과보를 받고, 선한 씨를 심으면 낙樂의 열매를 거두는 것. 이것은 씨앗이 열매가 되는 자연의 이치와 다를 바 없다. 스스로 심은 인因은 우편배달부보다 더 정확하게 과果가 되어 본인에게 배달되는 것이 인과의 법칙이다.

일찍이 깨달은 선각자들은 사바세계를 허물없이 살아가기 힘든 세상이라 보았다. 인도 말로 '사바'란 '회잡會雜' 또는 '감인堪忍'의 뜻을 지니고 있다. 많은 것이 얽히고설켜 시시비비가 끊이지 않는 회잡의 세계이고, 그렇기에 참지 않고서는 살아갈 수 없는 감인의 세계라는 것이다. 부처님도 자칫 방심하면 영원히 스스로의 주인공이 되지 못한 채 사바세계의 흐름에 흘러 떠내려가고 만다는 것을 끊임없이 일깨웠다.

'사람은 살면서 항상 크고 작은 업을 짓기 때문에 늘 참회를 해야 한다'는 성철 스님의 가르침에 어린 행자시절의 영운 스님이 물었다.

"큰스님. 살면서 업을 쌓고 또 쌓는다면 참회는 왜 하는 것입니까?"

이에 성철 스님은 답하였다.

"가을날 낙엽 떨어진 마당을 보았더냐. 빗자루로 낙엽을 쓰는 것과 쓸지 않는 것은 천지 차이란다. 매일 쓸다 보면 어느 땐가 깨끗해지는 날이 오는 법이지."

또 낙엽이 떨어질 줄 알지만 비로 쓸 듯, 우리는 또 업을 짓게 될 줄 알지만 참회한다. 비로 쓸어 깨끗해진 마당, 참회하여 맑힌 마음을 귀하게 여긴다면 우리의 마음마당도 조금씩 맑고 깨끗해질 것이기 때문이다.

올바른 행으로 짓는 복

'참회'가 마음으로 하는 것이라면 '복 짓기'는 행동으로 하는 것이다. 참회가 악업을 녹이는 것이라면 복 짓기는 선업을 쌓는 것이기에, 실천하는 보살행이야말로 가장 적극적인 참회이다. 따라서 불자의 기도는 참회에서 출발하여 행으로 이어져야 한다.

'일생 동안의 여행 가운데 가장 먼 여행은 머리에서 가슴까지의 여행, 그리고 가슴에서 발까지의 여행'이라는 말이 있다. 머리와 가슴의 차이에 대해, 그리고 마음이 행동으로 이어지는 것의 어려움을 '가장 먼 여행'으로 표현한 셈이다. 돌이켜 보면 머리로는 그럴듯한 생각을 곧잘 하여 말로 내뱉지만 진정 마음에서 우러난 것이기 어렵고, 가슴으로 느꼈다 하더라도 발을 움직여 행동으로 옮기기란 참으로 힘들다.

그래서 사람들은 '머리 좋은 사람이 마음 좋은 사람만 못

하고, 마음 좋은 사람이 발 좋은 사람만 못하다'고 한다. '발'
은 '몸'과 '마음'이 하나 되어 움직이는 '실천행'을 뜻한다.

평생을 한곳에 머무르지 않고 유행遊行하셨던 부처님은
삶 자체가 행동이었다. 길을 걸으며 갖가지 상황을 만날 때
마다 질문과 답변으로 가르침을 주셨고, 많은 이들이 모이
면 넓은 들판에서 야단법석野壇法席을 펼쳤으며, 길 위의 숲
에 누워 열반하셨으니 '발'의 의미를 참으로 생생히 일깨워
준 삶이었다. 열반에 들며 관 밖으로 두 발을 내놓은 것을
통해 그가 남긴 것이 후세인들에게 길[道]이 되었음을 깨닫
게 된다.

「개미떼를 살려준 상좌」 이야기에서 '실천하는 보살행의
복 짓기'에 대해 생각해 보자.

관상을 잘 보는 한 스님이 친구의 어린 아들을 상좌로 데리
고 있었다. 명이 너무 짧아 산중에서 조용히 승려생활을 시
키면 그 명을 바꿀 수 있지 않을까 해서 보내온 아이였다.
그러던 어느 날, 상좌를 본 스님은 깜짝 놀라고 말았다. 본
래 단명할 상이었는데, 갑자기 더욱 나빠져 일주일 안에 죽
을 기운이 얼굴에 서려 있었기 때문이었다. 스님은 상좌에
게 말했다.

“집에 한 열흘 동안 가 있으면서 네 무명옷 한 벌 하고 버선도 몇 켤레 지어 오너라.”

집에 가서 가족도 만나 보고 부모 곁에서 눈을 감으라는 뜻이었다.

그런데 열흘이 지나자 상좌는 옷과 버선 보따리를 싸 들고, 스님 드시라며 떡까지 해서 아무 일 없이 돌아왔다. 돌아온 상좌의 얼굴을 보고 스님은 또다시 깜짝 놀랐다. 며칠 사이에 어둡고 나쁜 기운이 완전히 사라지고 장수할 상으로 변해 있었던 것이다. 잠시 눈을 감고 있던 스님이 물었다.

“애야, 너 절에서 집으로 가던 도중에 혹시 무슨 일이 있었느냐?”

“예, 스님. 작은 개울을 건너는데 개미떼가 새카맣게 붙어 있는 나무껍질이 흙탕물에 떠내려가는 게 아니겠어요. 조금 더 내려가면 작은 폭포가 있어서 개미 수천 마리가 모두 물에 빠져 죽게 생겼어요. 그때 ‘죽을 목숨을 살려 주어야 불자의 도리를 다하는 것이고 복을 받는다’고 하신 스님 말씀이 생각났어요. 그래서 옷 젖는 것도 잊어버리고 얼른 떠내려가는 나무껍질을 쫓아가 조심스럽게 건져 땅에 놓아주었지요.”

“그러면 그렇지! 개미떼를 살려 준 공덕으로 장수하게 되었자비심으로 생명을 살리면 몸에 있던 병도 낫고, 업장도 소멸되며, 운명도 능히 새롭게 바뀐다고 한다. 이타적인 사랑이 곧 나를 살리는 길로 직결되는 것이다. 만약 상좌가 마음으로만 안타까워하며 옷이 젖는 것을 두려워했거나, 혹은 갈 길을 재촉하며 개미떼를 외면하였다면 어떻게 되었을까. 우선은 자신이 손해 보고 희생하는 것 같지만, 보살행은 결국 자신의 복으로 되돌아온다는 이치를 상징적으로 담고 있는 이야기이다.

자비는 베풂으로써 기쁨을 느끼는 것만이 아니라, 나를 버리고 비워 참된 깨달음을 이루는 데 더 큰 뜻이 있다. 따라서 내가, 누구에게, 무엇을 베풀었다는 생각을 모두 버려야 하며, 오히려 고마운 마음으로 행해야 한다. 그러한 마음으로 행하는 보살행은 베푸는 자에게 생기기 쉬운 허물을 저절로 사라지게 하여 참된 복 짓기가 된다. 그러므로 진정한 보시는 베푸는 쪽, 받는 쪽, 베푸는 물건, 이 세 가지 모두가 청정해야 하고 어디에도 집착함이 없어야 한다.

부처님은 이 세상이 의타기依他起의 구조로 이루어졌음을 일깨우셨다. 세상살이는 다른 것과 서로 의지하여 일어난다는 뜻으로, 주변을 돌아보지 않고 나만 홀로 서려 한다면 결국은 나 또한 무너질 수밖에 없다는 의미이다. 나도 이롭게 하고, 남도 이롭게 하는 자리이타自利利他의 행이야말로 모두를 살리는 사랑의 길임을 일깨워 주었다.

내 것만을 앞세우는 마음가짐에는 자비심이 싹틀 수 없다. 사람들은 나의 기운과 능력으로 살아간다고 생각하여 나만을 찾고, 나의 것만 챙기며 살아가는 데 익숙해져 있다. 그러나 중생은 법계法界에 가득 차 있는 생명의 기운, 행복의 기운, 반야의 기운으로 살아가는 존재이다. 나로 가득 찬 마음을 비우면 법계의 좋은 기운이 절로 내 것이 되건만 나만을 생각하고, 나의 욕심을 버리지 못하기에 괴롭고 부자유스러운 삶을 살아가게 되는 것이다. 자신만을 위한 모든 것에서 훌훌 벗어나 '나'라는 벽을 무너뜨릴 때 법계에 충만해 있는 참된 복덕이 찾아든다.

복福은 조건 없이 짓고 닦을 때 스스로 찾아온다. 깨끗하고 순수한 마음으로 행하는 보살행이야말로 모든 번뇌와 재난을 소멸시키며 한량없는 복을 불러일으키는 원동력이다. 불교에서는 세 가지 복을 꼽는다. 이는 인류의 도를 지키고 행해서 얻는 세복世福, 부처님이 제정한 계율을 지켜서 얻는 계복戒福, 스스로 불도를 닦고 다른 이에게 전하여 얻는 행복行福을 말한다. 세복, 계복, 행복의 삼복三福은 또한 하나의 도로 통하는 것이기에 일심으로 정진하는 것이 아니겠는가.

윤달은 복을 짓는 달이다. 세간에서는 윤달에 해야 할 일과 하지 말아야 할 일을 구분하는 데 분주하지만, 불교에서는 나와 남을 위한 복을 짓는 데 초점을 두고 있다. 남을 위해 행한 일이 나를 위한 복이 되고, 나를 향해 닦은 신행은 또 사방으로 퍼져 나가 중생을 위한 복으로 작용한다. 윤달은 그러한 의미를 되새기는 달이며, 그러한 행을 적극적으로 실천하는 달이다.

2장

윤달에 대한 이해

윤달과
인간의 심리

　　인류는 기원전 수세기부터 달과 태양의 운행과 변화를 기준으로 시간을 읽는 '역법曆法'을 만들었다. 달을 중심으로 한 역법을 '태음력', 태양을 중심으로 한 역법을 '태양력'이라 부르는데, 현재 사용하는 양력은 태양력이지만, 음력은 태양의 운행까지 고려한 '태음태양력太陰太陽歷'을 말한다.

　　한편 달을 중심으로 인식하는 시간을 '음력', 해를 중심으로 인식하는 시간을 '양력'이라 하는데, 이는 달과 해가 각기 음陰과 양陽의 원리를 지녔기 때문이다. 달[月]과 물[水]과 여성[女]은 대표적인 음의 존재로, 각기 해[日]와 불[火]과 남성[男]이라는 양의 존재와 대립관계에 있다. 또 양은 해가 뜨는 동東이자 생명으로, 음은 해가 지는 서西이자 죽음으로 연결된다. 많은 고분벽화에 그려진 해와 달을 보면 으레 해는 동쪽에, 달은 서쪽에 배치되어 있는 것도 이 때문이다. 달이 지닌 속성뿐만 아니라 해가 지면 달이 뜨는 것이기에, 달은 실제 위치와 무관하게 서방에 속해 있는 것이다.

'윤달[閏月]'은 태음태양력에서 달을 기준으로 보는 시간을 태양을 기준으로 보는 시간과 일치시키기 위해 생겨났다. 달이 지구를 한 바퀴 도는 데는 약 29.53일(1삭망월)이 걸리고, 지구가 태양을 한 바퀴 도는 데는 약 365.24일(1태양년)이 걸린다. 12삭망월은 1태양년보다 11일 정도가 모자라게 되는 것이다. 따라서 달을 기준으로만 시간을 가늠할 경우 여름에 눈이 오고 겨울에 무더워지는 등 계절과 어긋나게 되어 농사에도 지장이 커질 수밖에 없다. 이것을 막기 위해 몇 년에 한 번씩 한 달을 더 넣어 날짜를 조절하고 이를 '윤달'이라 부르는 것이다. 현재 우리나라에서는 '19년7윤법'이라 하여 19년에 7달의 윤달을 두는 방법을 사용하고 있다.

태양력에는 윤달이 없는 대신 '윤일閏日'이 있다. 2월은 28일로 되어 있지만 4년마다 하루가 늘어나 29일이 된다. 이때 29일을 '윤일'이라 하고, 2월이 하루 늘어나는 해를 '윤년閏年'이라 한다. 앞서 이야기한 바와 같이 실제 지구가 태양을 한 바퀴 도는 공전주기는 1년 365일보다 약 0.24일 더 길기 때문에, 4년마다 하루를 더 두어 주기를 맞추는 것이다.

윤달을 넣는 위치는 다양하다. 12월 다음에 두는 '세말윤歲末閏', 6월 다음에 두는 '세중윤歲中閏', 고정되지 않은 '부정윤不正閏' 등이 있는데 우리나라와 더불어 중국과 일본 등에서는 부정윤을 쓴다. 또 월건月建·월백月白·월신月神 등 택일에 필요한 요소들이 아예 존재하지 않는 '무중월無中月'을 윤달로 삼고 있는데, 이를 '무중치윤법無中置閏法'이라 한다. 무중치윤법은 전국시대 이래 중국에서 사용한 역법으로 우리나라에서도 삼국시대에 중국 역법이 전래된 이후 지금까지 이를 사용하고 있다.

이처럼 윤달은 달의 변화를 태양의 변화에 맞추기 위해 고안한 과학적 산물이다. 그러나 3년마다 들어서는 이 낯선 시간을 어떻게 맞이해야 할 것인지에 대한 고민은 그리 만만치 않았다.

윤달은 일상에 찾아드는 비일상의 시간이다. 현재는 양력 중심의 삶을 살고 있지만 약 120년 전만해도 음력이 일상의 시간을 가늠하는 역법이었다. 그렇다면 음력을 상용하던 시기에 윤달은 어떤 의미였을까. '25시'나 '제5의 계절'이 상징적 시간을 뜻하는 관용어라면, 몇 년마다 실제로 찾아드는 '13월'의 의미는 예사롭지 않았을 것이다.

'일 년 열두 달'이라는 시간의 순환은 안정된 삶을 계획하는 데 필수적인 요소이다. 이때 또 하나의 달이 일 년이라는 주기에 끼어든다면 삶의 리듬이 흐트러지고 일상에 혼란을 초래할 수밖에 없다. 이러한 비일상적인 시간을 나름대로 해석하고 이에 적응해 온 모습이 곧 윤달문화라 하겠다.

전통적으로 윤달은 가외로 얻은 시간이라 인간사에 관여하는 신들도 감시를 쉬게 될 것이고, 따라서 평소 조심스러웠던 일을 해도 무탈할 것이라는 생각이 일반적이다. 그런데 이를 중심으로 '일상에서 벗어난 시간'에 대해 여러 갈래의 갈등과 상반된 해석이 따랐다. 이에 윤달의 민속도 간단하지 않고 복잡한 양상을 보이고 있다. 명절이나 일상의 중요한 일에 음력을 사용하는 오늘날에도 윤달의 습속은 끊임없이 재해석되고 있으니, 윤달의 문화는 현재진행형인 셈이다.

중국의 고대 문헌인 『춘추곡양전春秋穀梁傳』에 따르면 "윤달은 남은 수數를 모아 만들어 정상적인 달이 아니기 때문에 길흉대사를 모두 행하지 않는다"고 하여 윤달을 극도로 기피해 왔다. 윤달에 대한 경계심은 '윤閏'이라는 글자가 문[門] 안에 왕[王]이 있는 것으로 만들어진 데서도 엿볼 수 있다. 윤달에는 왕이 집무를 보는 정전正殿에서 나와 숙소인 침전寢殿에 머문다는 뜻을 담고 있기 때문이다. 이처럼 고대 중국에서는 윤달을 '비상월非常月'이라 보고 '윤달에는 백사百事를 행하지 않는다'고 하여, 정상적이지 않은 기운 속에서 하는 일이 제대로 되지 않을 것이라 근신하는 풍조가 강했다.

이러한 경계심리는 비정상적 시간에 대한 보편적인 경향 중 하나라고 볼 수 있다. 그런데 우리나라의 경우는 부정적 측면보다 긍정적 측면에 비중을 두면서 여러 갈래의 윤달민속이 공존하고 있다. 예컨대 『고려사』·『조선왕조실록』을 보면 중국의 예를 들며 윤달에 액을 막는 의식을 행했던 내용이나, 윤달을 기피하는 조정대신들의 건의에 관한 내용이 많이 등장한다. 이에 비해 민간에서는 윤달을 '궂은 달이 아니라 흉凶을 길吉로 전환하는 힘을 지닌 달', 일상을 훼손하는 시간이 아니라 일상을 풍요롭게 하는 시간으로 승화시켜 왔다.

네 가지 유형의
윤달민속

길월·흉월의 양면성

—

윤달이 든 해는 가외의 한 달이 더 생기는 셈이어서 옛사람들은 윤달을 '공달'·'덤달'·'여벌달' 등이라 불렀다. 아울러 덤으로 생긴 달이니 이때는 인간세상을 관장하는 신들도 감시를 쉰다고 여겼다. 따라서 윤달이면 수의 장만, 산소 이전, 집 수리, 혼례 등과 같이 조심스럽고 부정이 타기 쉬운 대소사를 처리해 왔다.

이처럼 만사가 무탈한 때를 맞아 필요한 일을 안심하고 행하는 것이 우리나라 윤달민속의 일반적 전통이다. 또한 보다 적극적인 행위로서 예수재, 탑돌이, 삼사순례(세절밟기), 성밟기, 가사불사처럼 복을 빌고, 복을 짓는 일련의 민속이 중요한 유형으로 전해 오고 있다. 이들 두 유형은 모두

탑돌이

윤달을 길한 달[吉月]로 여기면서 생겨난 민속이다.『동국세시기東國歲時記』에 기록된 윤달의 모습도 이와 다르지 않다.

그런데 이와 상반된 민속들이 또 다른 유형으로 나란히 존재하고 있다. 윤달을 불길한 달[凶月]로 여겨 중요한 일을 기피하는 민속과 보다 적극적으로 윤달의 액을 막는 일련의 민속이 그것이다. 이는『동국세시기』의 내용과 다르기에 근래에 생겨난 풍습으로 보기도 한다. 그러나 윤달에 대한 중국과 조선시대의 다음과 같은 기록을 살펴보면 그렇게 보기만은 힘들다.

"윤달에 백사를 거행하지 않는다[윤월불거백사閏月不擧百事]."
『형초세시기荊楚歲時記』, 중국, 7세기

"모든 길례吉禮는 일찍이 윤달을 적용하지 않았으므로 중궁
中宮의 복위 책봉례册封禮 시기를 늦추어야 한다."
「예조의 건의」, 『숙종실록』, 1694년(숙종 20) 윤5월 1일

"윤달이 정월이 아니면 길흉대사를 해서는 안 된다고 하는데
장사를 지내는 것도 윤달에 해서는 안 됩니까?"(최유화崔有華)
송시열, 「서書」, 『송자대전宋子大全』 제118권

그뿐만 아니라 불교가 왕성했던 고려시대에는 윤달에 왕실
에서 백좌도량百座道場과 대장경 경찬 등의 '복 짓기'와 소재
도량消災道場과 같은 '액 막기'의 불사佛事를 두루 주관하였다.
고대 중국에서부터 우리나라 왕실에 이르기까지 윤달을 기
피하는 관념이 있었음을 알 수 있다. 특히 중국에서는 예나
지금이나 윤달에 아무 일도 하지 않거나, 재앙이 많은 달이
라 여겨 각종 액막이를 하는 등 윤달의 부정적 측면에 비중
을 두고 있다. 이에 비해 우리나라는 윤달의 긍정적 측면을
중심으로 다양한 윤달문화를 발달시켜 온 점이 두드러진다.

㉠ 중요한 일상사 하기	수의·관 마련, 산소 이장·보수, 집 신축·수리, 장 담기 등	길월吉月
㉡ 중요한 일상사 하지 않기	혼례, 회갑·축수 잔치, 이사, 집짓기 등 큰일을 피함	흉월凶月
㉢ 복 짓기	예수재, 탑돌이, 삼사순례(세절밟기), 성밟기, 가사불사, 불공 등	길월吉月
㉣ 액 막기	(재앙을 막기 위한) 장승제 등	흉월凶月

[표 1] 윤달민속의 유형

이처럼 윤달이 지닌 비일상성이 길吉이 되기도 하고 흉凶이 되기도 하는 우리나라 윤달민속의 최근 유형을 정리하면 [표 1]과 같다.

윤달의 민속은 ㉠ 중요한 일상사 하기, ㉡ 중요한 일상사 하지 않기, ㉢ 복 짓기, ㉣ 액 막기의 네 유형이 있다. 윤달을 길월로 보는 생각이 반영된 것은 ㉠ 중요한 일상사 하기와 ㉢ 복 짓기에 해당된다. 이에 비해 윤달을 흉월로 보는 생각은 ㉡ 중요한 일상사 하지 않기와 ㉣ 액 막기로 나타난다.

이때 ㉠·㉡은 일상에 필요한 중요한 일을 하거나 하지 않는 것으로 서로 상반되고, ㉢·㉣은 일상사가 아닌 종교적 행위로 복을 짓거나 액을 막는 기복祈福과 벽사辟邪로 상반된다. 일상의 일에도, 신앙행위에도 정반대의 민속이 동시에 존재하는 것이다. 따라서 이를 중요한 일상사 하기·하지 않기와 복 짓기·액 막기의 상반된 민속으로 묶어서 살펴보자.

중요한 일상사 하기·하지 않기

—

윤달에는 평소 부정 탈 것을 염려했던 중요한 일상사를 행하는 것이 전국적으로 나타나는 현상이다. '㉠ 중요한 일상사 하기'에는 수의와 관을 장만하거나, 산소를 보수·이전하는 것처럼 음계陰界나 흉사凶事에 관련된 일, 이사를 하거나 집을 신축·수리하는 등의 주거환경과 관련된 일이 주를 이룬다.

국립문화재연구소에서 지난 2000년부터 2003년에 걸쳐 출간한 『세시풍속』에 따르면 주거와 관련해서는 이사나 집의 신축·수리뿐만 아니라 우물을 파거나 나무를 베는 일, 못을 치는 일에 이르기까지 가택신家宅神이 관장하는 집안의 크고 작은 일을 윤달에 의지해 왔다고 한다. 이외에도 장을 담거나 치아를 해 넣는 일과 같이 평생의 식생활과 건강을 좌우하는 사안이라든지, 제사용품을 구입하고 가신신앙을 중단하는 일, 당집을 청소하는 일 등과 같이 초월적 존재와 관련된 조심스러운 일들을 미루어 두었다가 윤달에 처리해 온 풍습을 살펴볼 수 있다. 이처럼 윤달에 죽음과 관련된 일이나 주거 변화와 같은 일상사 가운데 주술적·종교적 영향권에 포함된다고 보는 일들을 행한 것은 보편적 현상이자 비교적 오랜 역사를 지니고 있다.

'ⓛ 중요한 일상사 하지 않기'의 경우를 보면 혼례, 회갑·축수 잔치, 제사처럼 대개 길사吉事에 속하는 일들이다. 그중 윤달에 금기시하는 대표적인 행사는 '혼례'이다. 길사 가운데 혼례의 경우 날짜를 선택할 수 있는 일이라는 점도 작용했을 것이다. 그런데 이러한 풍습은 '윤달은 혼례를 올리기에 좋다'는 『동국세시기』의 기록과 다르고, '윤달은 택일도 필요 없어 결혼하기에 좋다'는 옛 기록과도 대치된다. 또 전북과 경북 일부 지역에서는 윤달에 행하는 중요한 일상사에 '혼례'가 포함되어 있어 상반된 양상을 드러내고 있다.

날짜가 정해져 있는 '회갑·축수 잔치나 제사를 윤달에 치르지 않는다'는 말은 여러 가지 의미를 지닌다. 첫째, 회갑·축수 잔치는 생일과 달리 그해에 적당한 날을 잡아 치르기도 하는데 윤달은 고려 대상에서 제외된다는 것이다. 둘째, 윤달에 태어나거나 죽었더라도 평달에 생일과 제사를 지내도록 한다는 것이다. 셋째, 평달에 회갑 잔치를 치른 뒤 윤달에 거듭 행하지 않는다는 뜻도 있다. 이를테면 4월에 회갑을 맞은 경우, 4월 다음에 오는 윤4월에는 회갑과 관련된 행사를 거듭 치르지 않는다는 것이다. 전통시대에는 제사를 지낼 때 기일의 다음 달에 오는 윤달의 기일에도 제사를 지내거나 재계齋戒하는 경우가 있었기 때문이다.

'중요한 일상사 하지 않기'에서 가장 혼란스러운 것은 주거와 관련된 일이다. 윤달에 이사를 가거나 집을 신축하는 일은 전통적·보편적 풍습이었으나, 전남 일부 지역을 비롯해 근래에는 윤달에 이사나 집을 짓는 것을 금기시하는 이들이 늘어나고 있기 때문이다. 따라서 주거와 관련된 일에 있어서는 정반대의 민속이 생겨났음을 알 수 있다.

이처럼 현재 윤달에 '하거나' '하지 않는' 중요한 일상사의 내용은 어느 정도 구분이 가능하다. 수의나 묘를 다루는 등의 흉사凶事는 적극 행하고, 혼인·회갑 등의 길사吉事를 삼가는 현상으로 분리되어 있는 것이다. ㉠은 가외의 시간이라는 윤달의 상징성이 긍정적으로 작용하고 있는 데 반해, ㉡은 평시에 할 수 있는 일들을 오히려 피함으로써 상반된 양상을 드러내고 있다.

이와 동시에 혼례나 이사처럼 전통과 현재의 풍습이 서로 다르거나, '하거나' '하지 않는' 풍습이 나란히 공존하고 있다. 근래에는 '윤달에 벌초를 하는 것이 옳은가 아닌가'를 두고 설전이 벌어진 바 있다. 점차 죽음과 관련된 일에까지 '하기'와 '하지 않기'를 둘러싼 고민이 깊어지고 있는 것이다.

복 짓기·액 막기

—

중요한 일상사를 둘러싼 윤달민속이 '하기'와 '하지 않기'의 상반된 유형으로 구분된다면, 보다 적극적 행위로 '복 짓기[기복祈福]'와 '액 막기[벽사辟邪]'라는 상반된 유형이 존재한다.

윤달에는 초월적 존재를 대상으로 한 'ⓒ 복 짓기' 풍습이 또 하나의 중요한 민속으로 전승되고 있다. 이는 윤달을 '기복하면 감응하는 달'이라고 보기 때문이다. 종교적 심성에 따라 행하는 것이기에 전통 종교로서 역할을 맡아 온 불교와 관련된 내용이 주를 이룬다. 따라서 예수재, 탑돌이, 삼사순례(세절밟기), 성밟기, 가사불사, 영가천도 등과 같이 불공을 올리며 기원하는 민속이 널리 행해지고 있다.

윤달이면 절에 가서 불공을 드리는 민속은 역사가 깊다. 『동국세시기』에 '(…) 봉은사에서는 윤달이 되면 장안의 부

고창 성밟기(© 사단법인 모양성보존회)

녀자들이 몰려들어 많은 돈을 불단에 놓고 불공을 드린다. (…) 이렇게 하면 죽어서 극락으로 간다고 믿어 사방의 노파들이 와서 정성을 다해 불공을 드린다'고 적었듯이, 윤달의 복 짓기는 특히 극락왕생을 바라는 기도가 큰 비중을 차지하고 있다. 살아 있을 때 미리 공덕을 쌓는 예수재五修齋, 망혼을 위해 재를 올리는 영가천도靈駕薦度를 비롯해 탑돌이·삼사순례(세절밟기) 등도 보다 나은 사후세계의 발원과 관련이 깊다.

전북 고창 지역을 중심으로 한 성밟기[답성踏城] 또한 '윤달에 성을 세 바퀴 돌면 저승길이 트여 극락에 간다'는 믿음과 결합되어 있다. 따라서 성을 한 바퀴 돌면 다릿병이 낫고, 두 바퀴 돌면 무병장수하며, 세 바퀴 돌면 극락왕생한다는 속설이 전한다. 고창 모양성车陽城의 진입로인 북문은 아예 '극락문'이라는 이름을 지니고 있다. '한 바퀴 돌면 다릿병이 낫는다'는 것은 정월대보름의 세시풍속인 다리밟기[답교踏橋]에서 '다리를 밟으면 다릿병이 낫는다'는 속설과 연결되어 생겨난 것이다.

이처럼 극락왕생에 대한 발원이 주를 이루는 것은 불교 내세관과 관련되어 있을 뿐만 아니라, 윤달에는 '인간을 감시·심판할 신이 없다 → 저승문이 열린다 → 극락에 갈 수 있다'는 일련의 윤달속설에 따른 것이라 볼 수 있다.

이에 비해 'ⓔ 액 막기'는 윤달을 불길한 달로 여기는 유형이다. 윤달에 잡귀가 들끓는다고 보아 이를 막는 의식을 행하는 것이다. 대표적으로 충청 지역에서 행하는 '장승제'를 들 수 있는데, 이곳에서는 예로부터 윤달이 드는 해에 질병이 돌고 심한 재앙이 찾아온다 하여 그 예방책으로 장승을 세우고 제를 지내는 민속이 전한다. 한 예로 충북 중원군(현 충북 충주시)과 충남 서산군(현 충남 서산시) 등의 마을에서 윤달의 재액災厄을 막기 위해 지낸 장승제를 들 수 있다. 이는 주로 윤달이 드는 해 정월 초나 14일에 행해졌다고 한다.[1]

'액 막기'는 충청 지역을 중심으로 한 지엽적 사례이지만, 중국에서뿐 아니라 우리나라에서도 윤달에 재앙이 많은 것으로 여겨 각종 액막이를 해왔다는 점에서 시사점이 크다. 윤달의 '액 막기' 또한 비일상의 시간에 대처하는 인간 본연의 한 측면이 반영된 것이라 하겠다.

윤달에 '하거나' '하지 않는' ㉠·㉡유형은 일의 성격으로 구분되는 데 비해, '복 짓기'와 '액 막기'의 ㉢·ⓔ유형은 초월적 존재의 성격으로 구분된다. 기복祈福의 대상인 불보살과 벽사辟邪의 대상인 잡귀는 초월적 존재라는 점에서 공통

44

점을 지닌다. 따라서 윤달은 복을 비는 대상과 물리쳐야 할 대상이 더욱 명확해지고, 복을 짓고 액을 막는 행위가 더욱 강력해져야 하는 '종교적 시간'인 셈이다. 이러한 두 가지 상반된 생각 또한 새롭게 생겨난 것이 아니라 윤달의 태생과 깊이 관련되어 있다.

길과 흉이
함께하는 이유

길도 흉도 없는 무중월

—

윤달에 대한 길흉吉凶관념이 생겨난 것은 크게 두 가지 요인에서 비롯된 것으로 보인다. 하나는 윤달이 역법상 무중월無中月이라는 점이며, 또 하나는 일상에서 벗어나 있어 초월적 존재에 대한 인식이 부각되는 시간이라는 점이다. 이들 두 요인은 고대부터 근래에 이르기까지 네 가지 서로 상반되는 민속유형을 형성하는 데 기반이 되어 왔다. 따라서 윤달의 복합적인 민속을 이해하려면 이에 대해 좀 더 세밀하게 살펴볼 필요가 있다.

우리나라에서는 중국 역법을 받아들여 '무중치윤법無中置閏法'으로 윤달을 정하고 있다. 전통 역법에서 1년은 24기氣로 이루어져 있고, 24기는 12개의 절기節氣와 12개의 중기中

氣로 구성된다. 24기에서 한 달의 앞쪽 15일에 해당하는 입춘·경칩 등은 절기, 뒤쪽 15일에 해당하는 우수·춘분 등은 중기라 한다. 이때 하나의 기가 차지하는 시간은 15일 2시 5각刻이다. 따라서 하나의 절기와 중기를 합하면 30일에서 조금 남고, 달이 찼다 기우는 삭망朔望주기는 30일에서 조금 모자란다. 이처럼 한 기의 나머지 시간인 기영氣盈과 삭망주기의 부족분인 삭허朔虛를 합한 것을 '한 달에 어긋나는 수치'라는 뜻에서 '월윤月閏'이라 부른다. 이로 인해 매월 삭망점의 위치와 절기점의 위치가 월윤만큼 어긋나게 되고, 월윤이 33개월간 쌓이면 중기점의 위치가 전 달의 맨 끝과 한 달을 건너뛴 다음 달의 맨 앞쪽에 오는 일이 발생한다. 따라서 가운데 놓인 달은 중기가 없는 '무중월無中月'이 되고, 이를 윤달로 삼는 것이다.[2]

아울러 열두 달의 이름은 중기가 들어 있는 달에 부여하고 있어, 중기가 없는 윤달에는 달의 이름을 붙일 수 없게 된다. 이를테면 4월과 5월 사이에 놓인 윤달은 4월도 5월도 아닌 달, 혹은 4월이면서 5월인 달이 되기 때문에 편의상 이 달의 이름에 '윤' 자를 넣어 '윤4월'이라 부르기로 약속한 것이다.

그런데 이러한 무중월에는 월건月建·월백月白·월신月神이 없어 윤달은 점성학적으로 길흉이 없는 달이 된다. 곧 윤달은 택일을 할 때 필요한 요소가 아예 존재하지 않음으로써 달과 관련된 시공간 선택에 길흉이 없는 것이다.[3] 이와 같은 역법상의 특성은 윤달을 인식하는 중요한 근거로 작용했을 것이다. 또한 길흉이 없음으로써 비정상적인 시간의 속성을 강화하는 데도 영향을 미쳤으리라 여겨진다.

『세시풍속』을 참조하여 길흉 없는 무중월에 대처하는 민간의 속설을 살펴보면 [표 2]와 같다.

이에 따르면 윤달을 '무해무덕無害無德한 달', '무의무손無儀無損한 달', '무애무득無碍無得한 달', '육갑六甲에서 벗어난 달', '이름 없는 달', '날을 봐도 나오지 않는 달', '월령月齡이 없는 달' 등으로 보았다. 이러한 표현은 모두 '길흉 없는 달'이라는 역법에 근거한 윤달의 특성을 담고 있다. 고대 중국에서 윤달에 길흉대사를 포함한 백사百事를 거행하지 않고 근신하는 풍습이 있었는데, 우리나라에서도 '남은 달이기 때문에 아무것도 하지 않는다(강원 평창, 충남 청양)'는 동일한 속설이 존재하고 있다.

충남 당진에서는 가외의 한 달이 생긴 근원에 대해 '윤달은 흐린 날(비 오는 날) 한 시간 한 시간을 빼어 모아 만든 달로, 흐린 날은 맑은 날보다 한 시간 부족하다'는 흥미로운 속설이 전한다. 흐리거나 비 오는 날은 해가 들지 않고 낮과

길흉 없음	– 무해무덕無害無德한 달 → 강원 동해
	– 무의무손無儀無損한 달 → 강원 홍천
	– 무애무득無碍無得한 달 → 경북 울릉
	– 육갑六甲에서 벗어난 달 → 경북 청송
	– 이름 없는 달 → 충남 홍성
	– 날을 봐도 나오지 않는다 → 전남 장성
	– 윤달에 태어나면 사주가 맞을 확률이 반으로 줄어드는데, 본래 없는 달이라 그 월령月齡도 없기 때문이다 → 경북 경산
	– 남은 달이라 아무것도 하지 않는다 → 강원 평창, 충남 청양

+

| 가외의 시간 | – 공달·공짜달·그저달 |
| | – 남은 달·여벌달·우외달·가웃달·군달·새로 생긴 달 |

⇩

초월적 존재의 부재	– 손(탈·액·우환·손재수) 없는 달 → 전국
	– 귀 먹은 달 → 경기 수원 등
	– 귀신도 쉬기 때문에 무슨 일이든 부정 타는 일이 없다 → 경기 화성 등
	– 송장을 거꾸로 세워도 탈이 없다 → 전국
	– 공달이라 생각하여 귀신이 탈을 부리지 않는다 → 경남 김해·양산 등
	– 땅이고 하늘이고 귀가 먹는다 → 강원 원주
	– 천상천하 대공망일이라 하여 사방귀신이 하늘로 올라간다 → 전남 강진
	– 세상의 모든 나쁜 것이 천상으로 올라가고 없다 → 경북 청송 등
	– 방향을 관장하는 신이 눈을 감아 준다 → 경남 기장 등

[표 2] 무중월과 관련된 윤달의 속설

저녁의 구분이 모호하여 맑은 날에 비해 하루가 쓸모없게 여겨져 생겨난 속설로 보인다. 이는 월윤이 33개월간 쌓여 한 달이 생긴 원리를 민속적으로 유추한 셈이다.

길흉 없는 윤달의 특성은 가외의 달이라는 점과 결합하여, '인간에게 해를 끼치거나 벌을 주는 초월적 존재도 없다'는 믿음으로 이어져 독자적인 윤달민속을 형성하기에 이른다. 택일에 필요한 요소가 아예 없을 뿐더러 '공달·그저달·여벌달·우외달·군달'이기 때문에, '송장을 거꾸로 세워도 탈이 없다'는 말이 생길 정도로 윤달은 금기와 부정不淨의 습속에서 해방되는 자유의 시간이었던 셈이다.

따라서 윤달을 '손 없는 달', '탈 없는 달', '귀 먹은 달' 등이라 부르면서 '귀신이 탈을 부리지 않는다', '세상의 모든 나쁜 것이 천상으로 올라가 버리고 없다', '방향을 관장하는 신이 눈을 감아 준다'는 해석과 함께 평소 탈이 날까 조심스러웠던 일들을 행하는 데 초점을 맞추고 있다. 조선시대 왕실에서는 윤달을 기피하는 중국의 영향으로 부정적 인식이 작용하고 있었지만, 민간에서는 '흉이 없는 윤달'에 무게를 두는 가운데 긍정적으로 윤달을 맞았던 것이다.

한편 앞의 [표 2]에서 볼 수 있듯이 민간에서는 '길흉 없음'을 암시하는 윤달의 다양한 별칭이 전한다. 이 중에서도 흉凶과 해害가 없는 데 초점을 맞춘 것이 있는가 하면, 길吉과 득得이 없는 데 초점을 맞춘 것이 있어 윤달에 대한 긍정적·부정적 생각을 짐작해 볼 수 있다. 예컨대 '손 없는 달·탈 없는 달·손재수 없는 달·우환 없는 달' 등은 무엇을 하든 거리낄 것이 없다는 뜻을 지닌다. '귀 먹은 달' 또한 인간사에 탈을 일으키는 신이 귀가 먹어 간섭하지 못한다는 긍정적 생각을 반영하고 있다. 이에 비해 '없는 달, 빈 달, 남의 달, 썩은 달, 죽은 달, 이름 없는 달' 등은 윤달이 헛되고 무의미하며 나아가 이롭지 못한 달이라는 여운을 준다.

이처럼 윤달에 대한 생각은 긍정적·부정적 측면이 섞인 채 다양한 속설로 전승되고 있다. 특히 '윤달에는 아무것도 하지 않는다'는 일련의 속설이 고대에서 근래에 이르기까지 이어졌지만, 민속사회에서는 '길흉이 없어' '아무것도 하지 않는' 대처방식에서 한 걸음 나아가 적극적이고 다양한 모색을 해 왔음을 알 수 있다.

초월적 존재와 길흉관념
—

윤달민속은 모두 비일상적 시간의 주술성·종교성을 인정

한다는 공통점을 지닌다. 정상에서 벗어난 시간이란 인간세상에 영향을 미치는 초월적 존재를 떠올리게 마련이다. 초월적 존재의 감시에서 벗어나 마음대로 할 수 있는 달이라는 생각이 가능하고, 한편으로는 초월적 존재를 적극적으로 모시는 신성한 달로 여기기도 한다. 따라서 윤달의 민속은 간섭할 초월적 존재가 없다는 설정 아래 진행되기도 하고, 그 존재를 더욱 적극적으로 섬기기도 하며, 벽사의 대상으로 삼기도 하는 등 복합적이다.

이때 중요한 것은 초월적 존재의 성격이 다양하게 분화되어 있어, 이들이 윤달에 부재하거나 실재한다는 생각에 따라 민속의 내용이 달라진다는 점이다.

먼저 초월적 존재가 온전히 긍정적 존재로 등장하는 경우는 윤달의 민속유형 ㉢ '복 짓기'이다. 이때의 신은 복을 주는 선신善神으로서 적극적인 기원의 대상이 된다. 나머지 유형에서 신은 모두 심판자·감시자의 구실을 하거나 탈을 일으키는 부정적 성격으로 설정되어 있다. 곧 민속유형 ㉠인 '중요한 일상사 하기'와 민속유형 ㉡인 '중요한 일상사 하지 않기'는 윤달에 중요한 일을 할 경우 문제를 일으킬 수 있는 초월적 존재가 없거나 있다는 양면성이 반영된 것이다. 또 민속유형 ㉣인 '액 막기'는 초월적 존재가 벽사의 대

초월적 존재		윤달의 길흉관념			민속유형
성격	유무				
긍정적 존재	실재	기복하면 감응하는 달	길한 달	길월	복 짓기 ⓒ
	부재	손 없는 달, 신의 감시 없는 달	무해한 달		중요한 일상사 하기 ㉠
부정적 존재	실재	좋은 일에 액이 낄 수 있는 달	무득한 달	흉월	중요한 일상사 하지 않기 ㉡
		재앙이 많은 달	흉한 달		액 막기 ㉣

[표 3] 초월적 존재에 대한 생각과 윤달의 길흉관념

상인 악신惡神으로 설정되어 있다.

따라서 윤달민속은 '길한 달', '불길한 달'로 여기는 구분과 더불어, 초월적 존재의 성격과 이들의 존재 유무로도 구분된다. 이러한 갈래를 [표 3]과 같이 나타낼 수 있다.

[표 3]에서 윤달을 초월적 존재가 부재하는 시간으로 여겨 만사가 허용된다고 보는 유형 ㉠은 매우 낙천적이고 해학적인 민속에 속한다. 비일상적 시간에 액을 염려하지 않고 만사여의萬事如意하다고 보는 생각은 백사百事를 행하지 않거나, 액을 막는 데 주력하는 부정적 대처와 대조를 이루기 때문이다.

나머지 유형 ㉡·ⓒ·㉣에서 초월적 존재가 실재하는 상황은 일상과 다르지 않다. 윤달을 '신의 부재'로 여기는 경우에서도 알 수 있듯이 평소에는 인간과 초월적 존재의 공존을 전제로 하기 때문이다. 따라서 윤달의 비일상성이 질서의 흐트러짐과 연결되면서 부정적인 신의 존재를 더욱 염려하게 되고, 이에 따라 ㉡과 ㉣의 민속이 생겨난 것이라 하겠다.

윤달의 기복·벽사 행위는 불교와 밀접한 관련을 지니고 있다. 그런데 불보살을 향한 기복은 다른 초월적 존재와는 달리 보다 큰 틀에서 진행된다. 불보살은 인간에게 벌을 내리거나 심판을 하는 존재가 아니라 정성을 올리면 감응하는 존재이기에, 비일상적 시간에 불공을 올리는 것은 자연스러운 현상이다. 그뿐만 아니라 위력 있는 선신善神은 벽사辟邪·제액除厄을 기원하는 대상이기도 하여, ㉢의 '복 짓기'는 다른 유형과 충돌 없이 공존이 가능하다.

특히 불교가 왕성했던 고려시대에는 윤달에 왕실에서 '복 짓기'와 '액 막기'의 행사를 두루 주관하였다. 『고려사』에 보면, 윤달이 들면 사면령을 내리고 80세 이상 된 자와 홀아비·과부·자식 없는 노인·고아·효자·의부·절부에게 음식을 대접하며 물건을 차등 지급한 기록이 등장한다. 또 왕이 사찰에 행차하여 불공을 올리고, 선왕의 능을 배알하거나 궁내에서 소재도량消災道場·백좌도량百座道場과 대장경 경찬을 베푸는 등의 불사를 행해 왔음이 기록되어 있다.

이처럼 '복 짓기'와 '액 막기' 의례가 나란히 전승되어 왔을 뿐더러, 이들 의례에는 두 가지 의미가 결합되어 있음을 알 수 있다. 소재도량은 물론, 백좌도량 역시 일식·가뭄·질병과 같은 일이 발생했을 때 재난을 물리치고 복을 빌기 위한 법회로 자주 설치되었다. 윤달에 이러한 법회를 연 것은 윤달의 재액을 염려해 방지하기 위한 것이기도 하기 때문이다. 따라서 사면령을 내리거나 왕이 사찰·왕릉에 행차한 것도 '기복하면 감응하는 달'이라는 뜻만이 아니라, 윤달의 비정상적 기운을 다스리기 위한 방편이란 의미도 포함된 것이다. 결국 벽사와 기복은 동전의 양면처럼 분리될 수 없고, 이를 모두 다스릴 수 있는 불보살이 주요한 경배의 대상으로 부각되었던 셈이다.

이러한 일반적인 불공 외에 대표적인 불교 윤달민속으로는 '예수재五修齋'가 있다. 예수재는 자신의 내세를 위해 명부세계의 심판관인 시왕[十王]을 모시고 생전에 미리 천도재薦度齋를 올리는 것이다. 예수재는 고려 말부터 시작되어 언젠가부터 윤달에 행하고 있는데, 예수재와 윤달은 결합하기에 매우 적합한 요소를 지니고 있다. 예수재가 윤달민속의 핵심인 명부세계와 관련된 일인 데다가, 열 명의 시왕이 일

년 열두 달과 인간의 육십갑자를 각기 나누어 관장한다는 믿음과 연결되어 있기 때문이다. 따라서 '윤달에는 시왕이 한곳에 모여 휴가를 즐기는 시기이므로 이때 정성껏 공양을 바침으로써 업장을 소멸 받는다'는 생각이 성립되었다.

그런데 명부세계의 심판자이자 감시자인 시왕이 없기에 '길한 달'이라는 생각이 존재함에도 시왕에게 공양을 올리며 평소보다 더 많은 정성을 쏟는 것이 모순처럼 보이기도 한다. 이는 시왕이 정의의 편에 서 있지만, 동시에 인간에 대한 심판자로 공경과 두려움의 이중적 존재이기 때문이다. 초월적 존재 가운데 윤달에 부재함으로써 해를 끼칠 수 없거나([표 3] ㉠), 존재함으로써 해를 끼치는([표 3] ㉡·㉣) 경우는 모두 부정적 존재에 속한다. 반면, 시왕과 같이 내세와 관련된 신은 인간이 스스로 지은 업을 심판받기 두려워하는 데서 갈등이 발생하는 것이므로 악신이 아니라 경외의 대상이 된다. 따라서 바람직한 내세를 기약하기 위해서는 '심판자가 없다'는 윤달속설에 우선해 시왕을 모시게 되고, 피하고 싶은 심판자일수록 더욱 정성을 쏟을 수밖에 없다. 이러한 이중적 특성으로 인해 시왕은 민간의 윤달속설에서는 부정적 존재로 설정되어 있지만, 의식을 치를 때는 불보살과 동일한 긍정적 존재로 수용되고 있다.

길흉 없는 달에서 길월·흉월로

—

윤달은 비일상적 시간과 초월적 존재로 말미암아 길흉이 드러날 수밖에 없으나, 역법의 해석에 따르면 길흉이 존재하지 않는 모순을 안고 있다. 그러나 역법상의 '길흉 없음'이 오히려 '길흉 있음'과 연결되면서 윤달의 길흉관념은 여러 갈래로 전개되기에 이른다.

윤달의 길흉관념은 시간적으로 전개되었다기보다 관념적으로 전개되었다고 보는 것이 타당하다. 다소간의 시대적 경향이 드러난다 하더라도 윤달 본연의 특성으로 인해 복합적인 생각이 늘 공존하고 있었기 때문이다. 따라서 윤달민속의 네 유형은 오랜 역사를 지니면서 새로운 속설이 생겨나기도 하고, 근래에 들어 뚜렷해진 줄기도 드러난다.

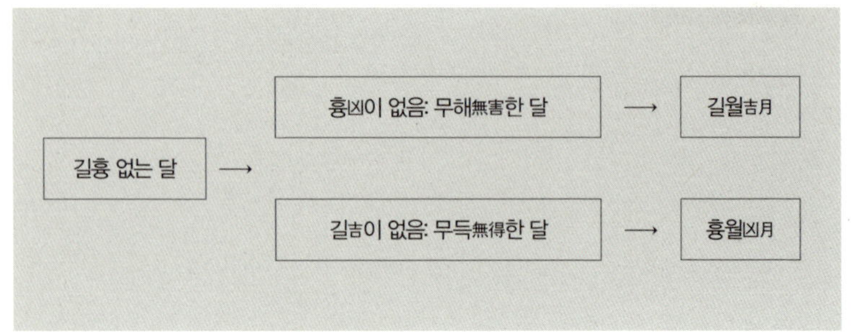

[표 4] 무중월인 윤달의 길흉관념

역법상의 무중월로서 윤달의 '길흉 없음'은 곧바로 '길흉'과 연결될 수 있는 개연성을 지닌다. 흉이 없는 '무해無害한 시간'이지만 동시에 길이 없어 '무득無得한 시간'이라는 태생적 정의를 안고 있기 때문이다. 인간은 벽사辟邪와 초복招福을 함께 추구하는 존재인데, 윤달에는 '흉'이 없어 벽사를 기대할 수 있으나 '길'이 없어 복은 기대할 수 없게 되는 것이다. 따라서 정상적인 달이 갖추고 있는 택일의 요소가 없어 만사를 꺼리며 근신하는 풍습과 탈을 일으키는 초월적 존재가 없다고 여겨 중요한 일을 행하는 양면성은 무중월이라는 특성과 깊이 관련되어 있다.

이처럼 본래 길흉 없는 무해무득한 윤달의 속성이 '길한 달, 흉한 달'이라는 양면적 성격을 지닌 달로 나아간 것은 비일상적 시간에 대처하는 심리가 반영된 자연스러운 결과이다. 흉凶이 없어 무해無害하니 길吉에 가깝고, 길吉이 없어 무득無得하니 흉凶과 연결될 수 있기 때문이다.

특히 윤달에 대한 부정적 인식은 일상에서 벗어난 시간에 대한 경계심이 '복을 기대할 수 없는[無得]' 태생적 해석과 만나면서 싹틀 수밖에 없었다. 뿐만 아니라 실생활과 관련해서도 윤달이 든 해는 13달의 지출예산을 짜야 했다. 조선시대에는 국고금이 부족해 국가부역을 나가기도 하였고[윤월역閏月役], 세금을 더 내기도 하였다[윤모은閏耗銀]. 아울러 '윤달 든 이듬해에는 삼동서(또는 삼부자)가 일을 해도 바쁘다'는 말이 있듯이 윤달이 든 다음 해에는 농사를 서둘러야 했다. 이러한 현실적 불편과 더불어 길吉이 없어 무득無得한 윤달의 속성으로 인해 '없는 달'·'썩은 달'이라는 부정적 생각이 싹트게 되었을 것이다. 또한 '아무것도 하지 않는 달'이란 생각이 점차 '악달'·'좋지 않은 달'·'액이 낀 달'이란 생각으로 바뀌면서 적극적인 액막이로 전개되었을 개연성을 짐작하게 한다.

이와 함께 흉이 없어 무해무탈한 윤달에 평소 조심스러웠던 중요한 일을 하는 긍정적 민속이 나란히 존재하였다. 이러한 생각은 점차 '기복하면 감응하는 달'이라는 생각으로 전개되면서 신적 존재를 향한 적극적인 '복 짓기'로 나아갔음을 아울러 살펴볼 수 있다.

이렇듯 윤달을 길월·흉월로 인식하는 대표적인 속설을 정리하면 다음과 같다.

길월

멀리 떨어진 절 세 곳을 한꺼번에 밟으면 운수가 좋고 소원이 이루어진다. → 경남 양산

윤달은 육갑에서 벗어난 달이기 때문에 부처님 달이라고도 한다. → 경북 청송

병자나 우환거리가 있을 경우, 집안의 안택과 무사태평을 위해 불공을 드린다. → 경남 밀양

윤달에 모양성을 한 바퀴 돌면 다릿병이 낫고, 두 바퀴 돌면 무병장수하며, 세 바퀴 돌면 극락왕생한다. → 전북 고창

흉월

악달[惡月]이라 하여 좋지 않은 달로 본다. 윤달이 드는 해에 병이 많이 발생한다. → 충남 홍성

질병이 돌고 심한 재앙이 찾아와 그 예방책으로 장승을 세운다. → 충남 서산

윤달에는 저승문이 열리고 액이 낀다. → 인터넷 자료

좋지 않은 달로 여겨 아무런 일을 하지 않는 것이 일반이다.
→ 충남 청양

썩은 달이라고 하며 달로 치지 않는다. → 경기 오산

이처럼 윤달을 길흉관념으로 인식함에 따라 중요한 일상사를 '하거나 하지 않거나' '아무것도 하지 않는' 데서 '적극적인 벽사와 기복'의 행위가 자리 잡게 되었으리라 여겨진다. 따라서 네 유형의 민속이 생겨나 'ㄱ 중요한 일상사 하기'는 조심스러운 일을 해도 탈이 없는 달로, 'ㄷ 복 짓기'는 기복하면 감응하는 달로 여겨 윤달이 곧 길한 달이라는 생각을 살펴볼 수 있다. 이에 비해 'ㄴ 중요한 일상사 하지 않기'는 길사를 행하기에 꺼려지는 달로, 'ㄹ 액 막기'는 재앙이 많은 달로 봄으로써 윤달을 불길한 달로 인식하는 범주에 포함된다.

특히 '저승문이 열린다'는 것은 '극락왕생'처럼 긍정적으로 사용되는 말이었으나, 흉월로 여기는 속설에서는 '저승문이 열리고 액이 낀다'는 내용으로 등장한다. 이는 저승문을 통해 부정적 기운이 내려온다는 것을 의미하여 본래의 뜻과 반대의 해석인 셈이다. 이처럼 윤달을 어떻게 보느냐

에 따라 같은 말을 두고 정반대의 해석이 생겨나기도 함을
알 수 있다.

달[月]의 길흉에서 일[事]의 길흉으로

—

윤달민속의 핵심은 일상에서 벗어난 시간에 중요한 일상
사를 어떻게 하는가에 있다. 탈이 없는 달이라 택일 없이
도 중요한 일들을 행할 수 있다고 보는 가운데, '하는 일'과
'금하는 일'을 구분하고 있기 때문이다. 이에 대해서는 크게
'죽음과 주거에 관련된 일'을 적극 행하고, '혼례'를 기피하
는 경향이 근대 이후 대세를 이루고 있다.

그런데 전북·경북의 일부 지역에서는 반대로 윤달에 혼
례를 적극 행하는 사례가 전승되고 있다. 이는 해당 지역의
돌출적 현상이 아니라 상대적으로 보다 고형古形에 속하는
윤달풍습이 남아 있기 때문일 것이다. 『동국세시기』의 기록
만이 아니라 1931년의 자료에서도 "민간에서는 액이 없는
달이라 보아 윤달에 혼례나 가옥의 신축·수리 등을 많이
행한다"[4]고 하여 '택일도 필요 없어 결혼하기에 좋은 윤달'
에 대한 전통 풍습 또한 뚜렷한 흐름을 지녔기 때문이다.

따라서 윤달에는 흉사뿐만 아니라 길사도 해 왔으나 어느 때부터인가 혼례를 기피하게 되면서 윤달이면 예식 관련 업종이 불황을 겪는 것은 일반적인 현상이 되었다. 1957년에는 '결혼시즌이 왔건만 하필 윤8월'이라는 제목의 신문기사를 볼 수 있다.[5] 윤8월이 가을이라 결혼철임에도 불구하고 결혼식장에 경기가 좋지 않음을 보도한 것으로, 윤달의 결혼금기는 당시에 벌써 대세를 이루었음을 알 수 있다. 이처럼 혼례의 경우 윤달을 기피하는 쪽으로 가닥을 잡은 반면, 근래에는 윤달의 대표적인 여타 민속에 대해서도 '하기'와 '하지 않기'를 둘러싼 속설이 무성하다.

이에 대해 학자들은 전통 윤달민속 ㉠의 '중요한 일상사 하기'에 속했던 일들이 후대의 잘못된 해석으로 인해 이를 금지하는 정반대의 윤달민속 ㉡ '중요한 일상사 하지 않기'가 생겨나게 되었다고 보고 있다. 그러나 현재와 유사한 고민은 전통시대의 사례에도 나타난다.

이를테면 고려 말에 우왕禑王이 윤달에 왕비를 책봉했는가 하면, 조선 중기의 문신 윤휴尹鑴가 이계식에게 보내는 편지에 '딸아이 혼사를 윤달에 치러야겠다[윤월당행여혼閏月當行女婚]'는 기록이 전한다. 이를 보면 윤달에 적극적으로 혼례를 치렀거나 적어도 윤달혼례가 금기시되지 않았음을 짐작할 수 있다. 그런데 1694년(숙종 20) 윤5월에 '중궁복위 책봉례의 길일을 당초에는 윤달로 정했는데, 옛 사례를 살펴보니 모든 길례吉禮는 윤달을 적용하지 않았으므로 마땅히 시기를 늦추어야 한다'는 예조의 건의가 있었다. 또 송시열宋時烈이 "윤달이 정월이 아니면 길흉대사를 해서는 안 된다고 하는데 장사를 지내는 것도 윤달에 해서는 안 됩니까?"라는 최유화崔有華의 질문에, "길흉대사를 윤달에 할 수 없다는 말은 옳지 않네"라고 답한 내용을 볼 때 윤달에 길사를 행하는 데 대한 갈등과 여러 모색이 있었음을 알 수 있다. 이는 윤달에 백사를 금하는 고대 중국의 윤달인식에서부터 기원하는 것이기도 하다.

이처럼 일상사와 관련된 윤달의 길흉관념은 '아무것도 하지 않거나' '중요한 일을 행하는' 양상에서 어떤 일은 적합하고, 어떤 일은 적합하지 않다는 분별이 따르게 되었다.

어떤 일을 할 수 있는가의 문제는 길월·흉월에 대한 생각을 따른다. 곧 길월吉月이라고 보면 택일이 필요한 중요한 일을 자유롭게 행하고, 흉월凶月이라고 보면 아무것도 하지 않거나 길사吉事를 금하는 것이다.

그런데 근래로 올수록 길월·흉월의 구분에 따라 해야 할 일의 성격을 결정하기보다, 당면한 일이 길사인가 흉사인가

달[月]의 성격	일[事]의 성격	일[事]의 성격	달[月]의 성격
길월 吉月	→ 택일이 필요한 중요한 　일을 행함	흉사 凶事	→ 흉사에 길한 달
흉월 凶月	→ 아무것도 하지 않음 → 길사를 금함	길사 吉事	→ 길사에 흉한 달

[표 5] '윤달의 성격'과 '일의 성격' 간의 관계

에 따라 달의 성격을 판단하는 경향을 드러내고 있다. 하고자 하는 일이 길사라면 윤달은 이에 해를 끼치는 달이 되고, 그것이 흉사라면 윤달은 이에 득을 주는 달로 보기 때문이다. 근래에 와서 기피하는 경향이 뚜렷해진 이사를 대표적인 예로 들 수 있다.

이러한 현상은 모두 윤달이 '흉사에 길하고, 길사에 흉한 달'이라는 내용으로 모아진다. 따라서 윤달에 길사는 하지 않고 흉사만 행하는 것으로 좁혀져, 어떤 일이 길사이고 흉사인가를 판별하는 일이 중요해지고 있다. 이사는 길사에 속하기 때문에 윤달에 해서는 안 되는 쪽으로 분류된 셈이다.

이는 달의 성격이 일의 성격을 규정하던 데서부터 내재된 것이기도 하다. 윤달이 흉의 그림자가 따르는 달이라 보아 가능하면 길사를 금하는 해석이 내려지면서부터 이미 길사

·흉사 중심의 사고가 싹트기 시작했기 때문이다. 보다 현실적인 이유는 경북 영양 지방 등에서 윤달에 결혼하지 않는 것에 대해 "날[日]이 없기 때문에 언제 했다고 말을 할 수 없기 때문"으로 생각하는 데에서 잘 드러나고 있다. 일생의례와 관련된 경우, 기념할 수 있는 윤달의 날짜가 평생에 서너 번밖에 돌아오지 않는다는 점 또한 윤달을 기피하는 요인이 될 수 있기 때문이다. 아울러 현대로 올수록 점차 주술적 사고에서 합리적 사고로 윤달을 인식하게 되고, 정상적인 것을 중시하는 경향이 반영된 점도 들 수 있다.

이처럼 흉사를 행하고 길사를 피하는 데 대해 '궂은일을 하면 귀신이 봐주지만 경사는 자기들끼리 해 먹고 치웠다고 나중에 해코지를 할까 봐 그렇다', '윤달에는 기가 약하므로 결혼·이사·회갑 등 살아 있는 사람의 경사스런 일을 금하고, 자손에게 피해가 없기 때문에 평소 꺼리던 죽은 사람을 위한 일을 한다' 등과 같이 윤달의 특성을 따서 새로운 속설이 생성·전승되고 있다. 뿐만 아니라 윤달을 둘러싼 여러 생각들이 '길이 흉 되고 흉이 길 된다', '좋은 일에는 흉이 따르고, 나쁜 일에는 길이 따른다'는 전통 속설과도 깊이 관련되어 있어 주목된다.

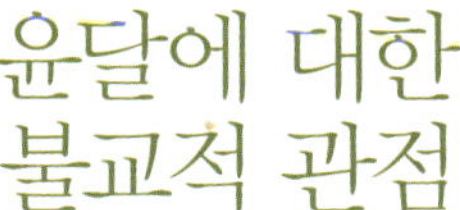

　불교에서는 윤달을 복과 공덕을 짓는 달이라 보고 있다. 윤달에 해야 할 일과 하지 말아야 할 일을 구분하기보다 나와 남을 위해 복덕을 쌓는 시간으로 승화시켜 왔다. 윤달은 우리에게 덤으로 주어진 비일상의 시간이기에 평소 부족했던 마음공부에 힘쓰고, 부처님의 가르침을 실행으로 옮기는 나날이 되도록 이끌고 있는 것이다.

　민간에서는 윤달을 일 년 열두 달의 규칙에서 벗어난 시간으로 여겨 이 시기에 초월적 존재나 기운이 인간사에 영향을 미칠 것이라 보았다. 윤달민속이 다양한 것도 초월적 존재의 유무와 초월적 존재가 선한지 악한지를 둘러싼 갈등임을 살펴본 바 있다. 따라서 윤달은 덤으로 받은 시간이기에 인간을 감시하는 신들도 휴가를 갔다고 보는 낙천적 풍습이 있는가 하면, 나쁜 기운과 악신이 성행한다고 여겨 액막이를 하거나, 인간을 돌보는 선신을 적극적으로 모시기도 한다.

불교에서는 이러한 중생의 마음을 포용하면서 오랜 세월에 걸쳐 중생과 상호 교류하는 가운데 윤달의 여러 전통을 만들었다. 고려시대에는 윤달이면 궁궐에 많은 스님을 모시고 백좌도량百座道場을 열거나 대장경을 경찬하며, 재난과 액을 물리치는 소재도량消災道場 등을 베풀었다. 또 왕이 사찰에 행차하여 불공을 올리고 선왕의 능을 배알하는가 하면 사면령을 내려 죄수를 풀어 주고 노인과 소외된 이, 의로운 이들에게 음식과 물품을 지급하였다. 이러한 사례는 모두 윤달이라는 비일상적 시간을 안전하고 복되게 맞으려는 노력으로, 불교는 이러한 인간의 마음을 다스리는 중요한 의지처가 되어 왔다.

또한 윤달의 대표적인 불교의례로 꼽히는 예수재와 삼사순례·가사불사를 비롯하여, 윤달이면 사찰을 찾아 불공을 올리고 영가천도를 하는 풍습이 오랜 역사에 걸쳐 전승되고 있다. 따라서 윤달을 길월·흉월로 보거나 할 일과 금할 일을 구분하는 데서 벗어나 '기도에 감응하는 달'로 정착시켜 온 데는 불교의 힘이 크다. 위신력 있는 불보살과 그 가르침이 있기에 불확실한 시간을 종교적 시간으로 승화시켜 온 것이다.

아울러 윤달의 불교의례는 복을 구하는 기도에서 한 걸음 나아가 자신의 수행을 돌아보며 보다 큰 공덕을 실천하도록 한다. '예수재'는 단지 살아 있을 때 자신의 극락왕생을 위한 불공을 올리는 데 있지 않다. 자신의 죽음을 내다보면서 소홀했던 자기수행을 점검하고 선행을 발원하는 의례이다. '삼사순례' 또한 세 곳의 절을 밟는 형식이 중요한 것이 아니라 삼보를 찾아가는 길이 곧 자신의 참마음을 찾아가는 자리요, 부처와 조금씩 가까워지기 위한 발원과 성찰의 순례라는 사실이 중요하다. 부처님의 가르침이 담긴 옷을 스님에게 올리는 '가사불사'는 삼보를 섬기며 불교를 꽃피워 나가는 토대를 마련하는 것으로 가장 구체적이고 공덕이 큰 보시의 하나라 하겠다.

예수재를 비롯한 윤달의 민속은 재가신도들로 하여금 청정한 신심으로 보시를 행하게 하여 한량없는 공덕을 성취하도록 한다. 아무런 대가를 바라지 않고 지극한 정성으로 올리는 공양이야말로 선업 중의 선업이며, 작은 악행이라도 과보를 피할 수 없듯 작은 선업이라도 그 과보는 헛되지 않기 때문이다.[6]

이처럼 예수재·삼사순례·가사불사 등의 참뜻을 새겨보면 기복적 불공에서 벗어나 마음을 닦는 데 그 뜻을 두고 있으며, 삼보와 이웃을 향한 공덕이 결국 자신을 위한 것임을 일깨우는 의미를 지니고 있다.

성철 스님은 "절은 불공을 가르치는 곳이지 불공을 드리는 곳이 아니다. 불공은 절 바깥에 나가 남을 돕는 것이며, 불공의 대상은 절 바깥에 있는 일체중생이다"라고 하였다. 이 말은 삼보를 향한 보시를 중생을 향해 돌리라는 뜻이 아니라, 자신만을 위한 기복적 불공에서 벗어나라는 뜻이다. '나'에서 벗어난 공덕이 나를 위한 더 큰 복으로 돌아오고, 나를 향해 닦은 신행은 모든 중생을 위한 복으로 작용하는 이치를 깨달으라는 것이다.

이러한 공덕을 쌓는 데 특별한 기간이 있을 수 없다. 다만 일상적으로 공덕을 쌓기에는 중생의 근기가 부족하기에 윤달이라는 종교적 시간에 참된 불자의 마음가짐을 깊이 되새길 필요가 있는 것이다. '나' 하나에서부터 모든 것이 시작되듯, '윤달'에서부터 이러한 의미가 실천된다면 언젠가 일 년 열두 달이 지극한 신심과 자비로 가득한 시간이 될 수 있을 것이다.

3장
생전예수재

생전예수재의 의미

　　불교의 윤회관에서는 사람이 죽으면 생전에 지은 업에 따라 다음 생이 결정된다고 보기에, 현생은 이전 생의 업을 갚는 방식으로 살아가게 된다.

　　'생전예수재生前五修齋'는 다음 생에 살아가면서 갚아야 할 과거와 현생의 과보를 살아 있는 동안에 미리 갚는 성격을 지닌 의례이다. '생전에 미리[五] 닦는다[修]'는 뜻처럼 사후를 위해 살아 있을 때 미리 재를 올려 공덕을 쌓는 것이다. 줄여서 '예수재'라 부르며, 죽어서 행할 일을 미리 한다고 하여 '역수逆修'라는 말을 쓰기도 한다. 예수재는 본래 윤달과 무관한 의례였으나, 점차 윤달 세시풍속과 영향을 주고받으면서 업장소멸과 선업을 쌓는 윤달행사로 이어져 오고 있다.

　　예수재는 사찰에 따라 하루나 삼칠일간 치르기도 하고, 7일마다 일곱 번에 걸쳐 칠칠재로 지내기도 한다. 칠칠재로 치르는 것은 사람이 죽은 뒤 다음 생을 받기까지 49일간 중음中陰에 머문다고 보아 이때 치르는 사십구재를 생전의례에 그대로 적용한 것이다. 따라서 윤달이 든 전 달에 입재入齋하여, 49일째인 회향일이 윤달에 속하도록 날짜를 정해 진행하게 된다. 이처럼 칠칠재로 치른다하여 '예수칠재'·'예수시왕생칠재五修十王生七齋'라고도 한다.

예수재에서 모시는 신적 존재는 상단·중단·하단으로 위계가 나누어져 있다. 불보살을 모시는 상단은 증명단의 구실을 하고, 핵심 위치를 차지하는 중단은 시왕 등을 중심으로 명부세계의 권속을 모시며, 하단은 부속단에 해당한다. 예수재에서 시왕을 주 의례 대상으로 삼는 것은 명부세계에서 심판을 하는 존재이기 때문이다. 이처럼 예수재는 내세의 복락을 기원하는 전통 의례로 밀교적·민속적 요소가 짙다. 따라서 예수재를 할 때면 사찰을 화려하게 장엄하고, 범패梵唄와 범무梵舞가 따르는 가운데 많은 재자齋者들이 동참하여 축제 분위기를 띠게 된다.

예수재의 특성은 누구나 살아 있는 동안에 경전을 보지 못한 빚과 금전적인 빚을 안게 된다고 보는 것에 있다. 따라서 동참재자들은 불보살과 명부권속을 청해 경배와 공양을 올릴 뿐만 아니라, 경전을 읽고 지전紙錢을 헌납하는 과정을 거치게 된다. 지전을 올려 빚을 갚고 나면 「함합소縅合疏」라는 문서를 받게 되는데, 이를 반으로 찢어 한 조각은 불사르고 나머지 반은 재자가 간직한다. 이 문서는 예수재를 지낸 증표가 되어 죽은 뒤 관 속에 넣어 명부세계에 가지고 가게 된다. 그곳에서 불태워진 조각과 대조하여 맞으면 그 공덕을 인정받아 왕생하게 된다는 것이다.

예수재에서 생전의 업을 경전 빚과 금전 빚으로 표현한 데는 중요한 뜻이 있다. 모든 종교에서 종단과 신도 간에 이루어지는 기본적인 수수관계는 '진리'와 '헌납'이다. 삼보의 존재는 신도에게 진리와 가피로 법보시法布施를 베풀고, 신도는 불·법·승 삼보에 신심과 재물로 재보시財布施를 올려 불교가 성립되는 것이다. 따라서 예수재에서 생전의 업으로 보는 경전과 금전은 불자의 가장 기본적인 권리이고 의무이자, 불교가 꽃을 피워 나갈 수 있는 토대가 된다.

삼보에 시주를 올리며 자신의 복만 비는 이라면 올바른 불자라 할 수 없다. 불교를 믿는 것은 참된 가르침으로 수행하여 탐욕과 어리석음, 분노의 삼독三毒에서 벗어나기 위함이다. 마음공부에는 소홀한 채 자신의 복된 내세만 바라는 것은 불교의 기본 가르침인 인과응보에 맞지 않는다. 따라서 이를 깨우치게 하는 것이 바로 예수재의 경전 빚이다.

이에 비해 금전 빚은 삼보로부터 받은 가르침에 대해 대가 없는 보시布施를 이끌어 공덕을 쌓도록 하는 뜻이 담겨 있다. '보시에 대한 감사는 받는 자가 하는 것이 아니라 베푸는 자가 하는 것'이라는 말도 보시에는 그만큼 공덕이 따르는 것임을 말해 준다. 따라서 예수재의 금전 빚은 삼보의 은혜에 감사하는 마음으로, 그리고 삼보의 유지를 위해 각자의 여건에 따라 보시하는 공덕을 상징한다. 이처럼 경전 빚은 불법으로 인도하고, 금전 빚은 공덕을 쌓도록 이끌어 자신의 현세 업을 맑히는 것이 예수재의 참의미라 하겠다.

자신의 내세를 위해 살아 있을 때 미리 지내는 천도재薦度齋라 하여 예수재를 매우 방편적·기복적으로 보는 이들도 있다. 그러나 죽은 영가를 위해 유족들이 행하는 천도재가 타력에 의한 것임에 비해, 예수재는 자력수행으로 선업을 실천하는 의례이다. 불자라면 인과응보에 따른 윤회를 믿는 것이 당연한 일이고, 윤회와 자업자득은 생을 달리하는 문제만이 아니라 매 순간의 삶에서 더욱 실감나게 적용된다. 따라서 자신의 업을 돌아보고 참회하면서 스스로의 노력으로 공덕을 지어 현세를 복되게 살고, 내세까지 천도할 수 있도록 이끈다는 의미를 담고 있다.

또한 예수재는 살아 있는 이들뿐만 아니라 선망조상과 일체 고혼을 위한 의례이기도 하다. 현재 행하는 예수재에서도 망혼의 위패를 합동봉안하고 극락왕생을 기원하는 장을 마련하고 있다. 이에 대해 '산 자'가 미리 닦는 예수五修의 의례에 '죽은 자'를 위한 의례까지 함께 행하는 것은 본래 뜻과 맞지 않는다는 지적도 있다. 그러나 죽음의 문제를 다루는 의례에서 어찌 자신만의 복을 빌 수 있겠는가. 특히 예수재는 부처님이 증명하는 가운데 명부세계의 존재들을 모시고 자신의 과거생과 현생의 업을 참회하며 청정해지기를 기원하는 의례이다. 따라서 이러한 여법한 자리에 선망조상의 영가와 유주무주 고혼의 발복發福을 함께 바라는 것은 지극히 자연스럽다. 무엇보다 예수재의 전통 의식집인 『예수시왕생칠재의찬요五修十王生七齋儀纂要』와 『예수천왕통의五修薦王通儀』에도 이러한 의미가 뚜렷이 담겨 있다.

 '미리 닦는다'는 말에서 알 수 있듯이, 본래 예수재는 불자들이 소홀했던 자기수행을 점검하고 선행을 발원하는 데서 출발하였다. 『지장보살본원경地藏菩薩本願經』에 "살아서 선업을 닦지 못하고 많은 죄를 지어 죽었다면 권속이 그를 위해 복을 지어 줄 때 그 공덕의 7분의 1은 망인에게 돌아가고 나머지는 산 사람에게 돌아간다. 그러므로 이 말을 잘 들어 스스로 닦으면 그 공덕의 모두를 얻게 될 것이다"라고 하

였다. 이는 살아 있을 때 스스로 수행하여 닦는 복이 사후
에 대신 지어 주는 복보다 훨씬 큰 것임을 말해 주고 있다.
많은 경전에서 '예수코자 하거든 방생부터 먼저 하라'고 한
것도 이 의미와 다르지 않다. 자신의 내세만을 위해 기도할
것이 아니라 주변을 돌아보며 공덕을 쌓으면 그것이 더 큰
복이 되어 자신에게 돌아온다는 것을 뜻하기 때문이다.

복은 '비는 것'이 아니라 '짓는 것'이다. 비는 것은 타력에
의지하는 것이지만, 짓는 것은 자력으로 만들어 가는 것이
다. 삼보에 공양하는 똑같은 행위도 단순한 기복이 될 수 있
고 참된 복 짓기가 될 수 있다. 그것은 바로 공양을 올리는
이의 마음가짐, 곧 마음공부를 통해 스스로의 복을 불러들
이고 남들까지 밝게 만들리라는 서원이 있어야 할 것이다.

내세를 위해 미리 공덕을 쌓는 예수·역수의 의미는 수의
와 관을 마련하는 등 생전에 죽음을 준비하고 복을 쌓는 윤
달민속에도 영향을 미쳐 왔다. 이러한 윤달의 다양한 예수
풍습이 자신의 죽음을 내다보면서 소홀했던 자기수행을 점
검하고 선행을 발원하는 의미임을 되새길 필요가 있다.

생전예수재의
내력과
근거

예수재의 내력

—

예수재는 중국 당나라 때 성립된 것으로 보고 있다. 이 시기에 칠칠재(사십구재) 등의 천도재가 정착되고, 『지장보살본원경』·『예수시왕생칠경五修十王生七經』 등의 편찬으로 시왕사상이 성행하면서 사람이 죽으면 명부세계를 다스리는 열 명의 시왕으로부터 차례로 심판을 받게 된다고 보았다. 따라서 칠칠재에 백일·소상小祥·대상大祥까지 더하여 열 번의 재를 지내는 시왕재가 널리 행해졌으며, 점차 살아 있을 때 예수재를 지내는 풍습도 생겨나게 된 것이다. 시왕사상이 도교와 깊이 관련되어 있어 예수재 또한 도교의 영향을 크게 받아 성립된 의식이라 할 수 있다.

예수재의 근거가 되는 경전으로 『지장보살본원경』·『예

수시왕생칠경』·『관정수원왕생시방정토경灌頂隨願往生十方淨土經』·『수생경壽生經』 등이 있다. 이 가운데 『지장보살본원경』은 실차난타實叉難陀, 652~710가 번역한 것으로 알려져 있으나 중국에서 편찬된 것으로 추정하기도 한다. 『예수시왕생칠경』은 당나라 말인 9~10세기경 장천藏川이 찬술하였다는 기록이 전하며, 나머지 경전도 중국에서 저술된 것으로 보는 것이 정설이다. 따라서 예수재는 중국불교에서 지장·시왕신앙이 활발하게 전개되던 시기에 성립된 것으로 볼 수 있다.

우리나라에서도 『시왕경』이 들어오고 시왕신앙이 성행한 고려시대부터 예수재를 행한 것으로 추정된다. 조선시대에는 예수재 설행을 위해 스님들이 이전 자료를 참조하여 의식집을 찬술하였고, 의식 정립에 기반이 되는 경전 등이 온전하게 전승되어 왔다.

특히 조선 중기인 16·17세기에 예수재가 성행하였다. 이 시기는 기온이 강하되는 소빙기小氷期에 접어들면서 자연재해가 만연하였고, 임진왜란에서 병자호란에 이르기까지 대규모 외침이 잦아 백성들의 삶은 극도로 피폐하였다. 사회적·경제적 혼란이 가중됨에 따라 종교적 힘으로 이러한 어려움에서 벗어나고자 하여 수륙재水陸齋를 비롯한 각종 천도재가 성행했던 것이다. 이는 조선 중기에 수륙재와 예수재 등의 의식집이 집중적으로 간행되었다는 점에서도 잘 드러난다.

현재 남아 있는 의식집으로 육화六和 스님의 『예수천왕통의五修薦王通儀』와 대우大愚 스님의 『예수시왕생칠재의찬요五修十王生七齋儀纂要』 등이 전한다. 예수재 관련 의식집은 합본으로 간행된 경우가 많은데, 이를테면 『예수천왕통의』와 『예수시왕생칠재의찬요』, 『수생경』과 『예수시왕생칠경』 등을 함께 묶어 펴내기도 하였다. 그런데 많은 자료에서 『예수시왕생칠재의찬요』를 펴낸 대우 스님이 1676년에 태어나 1763년에 사망한 조선 중기의 스님으로 기록하고 있으나, 실제 이 의식집은 1500년대부터 간행된 수많은 판본이 있기 때문에 동명이인으로 봐야 할 것이다.

이들 경전은 예수재의 의미를 규정하는 것이자 의식의 성립에 중요한 근거가 된다. 예수재와 관련된 주요 내용을 중심으로 간략히 살펴보면 다음과 같다. 연대가 분명하지 않은 경전이 많기에 살펴보는 순서대로 성립되었다고 보기는 힘들다.

예수재의 교리적 근거를 제공하는 『지장경』

—

『지장보살본원경地藏菩薩本願經』은 예수재의 교리적 근거를 제공하는 경전이다. 이는 예수재가 지장사상에 뿌리를 두고 있기 때문이며, 줄여서 『지장경』이라고도 한다. 내용은 부처님이 도리천忉利天에서 어머니 마야부인摩耶夫人과 대중들에게 설법하는 형식으로 구성되어 있다.

이 경전은 먼저 사바세계에서 중생이 지을 수 있는 갖가지 죄업과 함께, 지옥의 명칭과 형벌의 종류에 대해 상세히 설명한다. 이어 지옥에서 고통받고 있는 중생들을 온갖 방편으로 한 명도 남김없이 제도하려는 지장보살의 큰 서원誓願과 위신력을 찬탄하면서, 지장보살에 귀의하고 예배·찬탄·공양함으로써 얻는 갖가지 공덕에 대해 상세히 설명하였다. 특히 망자의 극락왕생과 산 자의 복된 삶을 가져올 타력·자력의 공덕을 제시한 「이익존망품利益存亡品」은 사십구재 등의 천도재와 예수재의 교리적 기반으로 널리 알려져 있다.

살아서 선업을 닦지 못하고 많은 죄를 지어 죽었더라도 권속이 그를 위해 복을 지어 주면 그 공덕의 7분의 1은 망인이 얻고 나머지 6은 산 사람에게 돌아간다. 그러므로 미래

와 현재의 선남선녀들은 이 말을 잘 새겨들어 스스로 닦으
면[자수自修] 그 공덕의 모두를 얻게 될 것이다.

여기서 '자수自修'라는 표현이 처음 나온다. 이는 '예수五修'
의 뜻과 상통하는데, 남을 위한 것이든 자신을 위한 것이든
스스로 닦는 공덕이 가장 큰 것임을 분명히 밝히는 대목이
다. 사후에 타인이 대신 지어 주는 복은 7분의 1밖에 받지
못하지만, 생전에 스스로 닦는 모든 공덕은 본인이 받는다
는 진리를 강조하고 있는 것이다. 따라서 『지장경』에 등장하
는 이 구절은 나를 위한 예수五修는 물론, 남을 위한 천도薦
度에 임하는 이들에게 지침이 되고 있다.

임종에 다다랐을 때 권속이 그를 위해 복을 베풀어 앞길을
도와주거나, 혹은 번幡과 일산을 걸고 등불을 밝히거나, 혹
은 존중하는 경전을 독송하거나 부처님과 성인의 존상 앞
에 공양 올리며 (…) 이와 같이 그를 위해 성스러운 인연을
닦으면 임종하는 이의 죄가 소멸된다.

경전에는 또 임종을 앞둔 이를 위해 번과 일산을 걸고,
등을 밝히며, 경전을 독송하고, 불보살께 공양 올리는 공덕

이 구체적으로 제시되어 있다. 이러한 내용은 이후 예수재와 관련된 다른 경전에서 '생전과 사후', '나와 남'의 구분 없이 삼보에 귀의하는 공덕을 거론할 때 거듭 등장하게 된다.

> 미래세에 어느 선남선녀가 지장보살의 형상을 보거나, 이 경을 듣거나 또는 독송하고, 향·꽃·음식·의복·보배 등으로 보시공양하고 찬탄하여 우러러 예배하면 마땅히 28종의 이익을 얻으리라.

이 구절은 「촉루인천품囑累人天品」에 나오는 내용이다. 이어지는 구절을 보면 지장보살을 공경함으로써 얻게 되는 28가지의 공덕으로 악업과 액난이 소멸되고, 귀인으로 태어나 구하는 바가 뜻대로 이루어지며, 끝내 부처를 이룬다는 놀라운 내용을 담고 있다. 이는 중생을 이끄는 종교적 표현이라 하겠지만 죄와 벌, 그리고 지장보살을 중심으로 한 구제의 시스템은 예수재를 설행하는 근거가 되기에 충분하다.

예수재의 의식 성립을 가져온 『시왕경』

—

『예수시왕생칠경五修十王生七經』은 예수재가 본격적인 의식으로 성립되는 데 결정적 역할을 한 경전이다. 줄여서 『시왕경』·『예수시왕경』·『시왕생칠경』이라고도 한다. 제목처럼 ‘예수五修’라는 말이 처음 등장하고, 내용 중에 ‘역수逆修’라는 표현도 나오며, 예수를 하는 구체적인 날짜와 기간, 방법까지 상세하게 적어 놓았다. 또한 명부세계에서 망자의 죄업을 심판하는 시왕이 등장하면서 본격적인 시왕사상이 전개되기에 이른다.

아울러 ‘생칠경生七經’이라는 경전 이름뿐만 아니라 내용에서도 ‘생칠재生七齋’라는 의식의 이름이 거듭 등장한다. 따라서 이때부터 살아 있을 때 미리 7일을 기준으로 거듭 예수재를 올리는 기본적인 의미와 방법이 구체적으로 생겨난 셈이다.

경전에는 악업을 지은 자라 하더라도 이 경전을 읽고 외고 베끼거나, 시왕상을 조성하여 깊이 참회하면 명부세계의 업경대業鏡臺에 그 기록이 남아 죄를 사해 주고 좋은 곳에 태어나게 해 준다는 내용을 담고 있다. 구체적인 방법은 다음과 같다.

그렇지만 아난다여 이와같은 경우라도
예수시왕 생칠경을 읽고외고 베끼거나
시왕상을 조성하여 지성으로 참회하며
염라왕궁 업경대에 그기록이 남는다면

저승세계 염라왕이 업경대의 기록보고
환희심을 일으키어 그죄인을 풀어주어
부잣집에 태어나서 온갖복락 다누리고
그가지은 죄악마저 사면토록 해주리라

(…)

살아생전 이승에서 예수시왕 생칠재를
미리미리 힘을다해 정성스레 닦아가되

매달음력 초하루와 보름날에 두번걸쳐
거룩하신 삼보전에 지성으로 공양하라
(…)

시왕단을 설치하고 기도하고 축원하되

주소생년 이름적은 축원장을 작성하여

판관들과 귀왕들과 장군들과 동자들과

사자들과 관전등에 지성으로 고축하면

선업기록 관리하는 명부세계 선업동자

천조관과 지부관에 이내용을 보고하고

재자이름 저승세계 명부안에 기록하니

예수시왕 생칠재를 미리닦은 공덕으로

이세상을 하직할때 쾌락한곳 태어나리

동봉정휴 스님, 2003, 213~214쪽

이에 따르면 매달 초하루·보름마다 삼보를 공경하고 시왕께 기도하되, 재자의 이름·생년과 주소를 적은 축원장을 작성하여 명부관리들에게 고하도록 하였다. 이렇게 하면 명부세계의 업경대에 재자의 이름과 기록이 남아 예수시왕생칠재를 미리 닦은 공덕으로 죄를 사면받고 좋은 곳에 태어나게 된다는 것이다. 특히 예수하여 공덕을 쌓은 재자 이름을 마치 관리들이 문서를 전달받아 위로 보고하듯 실감나게 묘사하였으며, 이와 더불어 열 명의 시왕 이름, 명부계의 관직명이 낱낱이 열거되어 있다.

　아울러 당시에는 예수재가 윤달이라는 특정 시기에 행하는 것이 아니라 근래의 초하루·보름 법회처럼 일상적 수행과 참회의 의미가 깊었음을 알 수 있다. 다만 기도의 대상과 목적을 시왕 중심의 명부계로 부각시켜 극락왕생을 바라는 중생의 마음을 명부신앙을 통해 받아들임으로써, 기도하고 수행하는 삶으로 자연스레 이끌고자 하였던 것이다.

　한편으로는 이 경전이 나오면서 지옥의 구제자인 지장보살과 시왕이 결합하여 명부신앙은 완전한 체계를 이루게 된다. 불화 가운데 시왕과 지장보살을 함께 묘사한 〈지장시왕도地藏十王圖〉가 나타난 것도 9세기 전후의 일이다. 이후 지장보살과 시왕은 명부사상에서 뗄 수 없는 짝을 이루어 시왕이 죄업을 밝히는 심판자의 역할을 한다면, 지장보살은 지옥중생을 구제하는 대원본존大願本尊의 존재로 자리하게 되었다.

자리이타의 공덕을 중시한 『관정경』

—

　『관정수원왕생시방정토경灌頂隨願往生十方淨土經』은 『관정경』이라고도 하며, 미리 닦는 예수의 의미가 상세히 다루어져 있다. 『관정경』의 내용을 보면 이미 임종했거나, 임종을 당하거나, 임종을 당하지 않고 살아 있을 때 어떠한 복덕을 쌓아 현세와 내세를 복되게 살아갈 것인지에 대해 다양한 사례를 들며 거듭 강조하였다. 이 경전의 이름을 '관정灌頂'이라 한 것은 정수리에 물을 부어 씻어 주듯 중생의 심신을 정화시켜 주는 거룩한 글귀라는 뜻을 담고 있다.

먼저 임종한 뒤 그의 권속이 망자를 위해 지어 주는 타력의 공덕을 살펴보자.

> 살아서 삼보를 알지 못하고 재계齋戒를 닦지 않고 착한 스승의 가르침도 받지 못하다가 명이 다해 죽으면 열에 아홉은 악도惡道에 떨어지게 마련이다. 그러나 부모·형제·친척·친지가 그를 위해 복업을 닦아 주면 7분의 1은 그에게 가게 된다. (…) 어떤 사람이고 죽기 전이나, 죽은 후에, 또는 죽은 즉시 권속이 그를 위해 복업을 닦되 일심으로 재계하고 시방제불의 명호를 부르며 꽃과 향으로 모든 부처님을 공양하면 고통을 여의고 승천했다가 마침내 열반의 도에 들게 될 것이다.

악업을 많이 지은 채 죽은 이는 타력으로 복업을 닦아 줄때 그 공덕의 7분의 1이 돌아간다 하였다. 또 타력이라 하더

라도 일심으로 재계하고 불보살을 모시면 망자를 극락왕생
시킬 수 있음을 아울러 제시하였다.

　임종 무렵에는 어떠한 마음가짐으로 수행해야 하며, 그
공덕은 어떤지 살펴보자.

　삼보에 귀의하지 않고 법계를 실천하지 않아 명을 마친 뒤
삼악도의 고통을 받을 처지에 있더라도, 죽음에 임해 지극정
성으로 삼보에 귀의하고 공덕을 닦고 부처님의 경법을 들으
면 갖가지 고통에서 벗어나지 못할 일이 없다. 왜냐하면 어
떤 이가 왕에게 빚을 졌는데 왕이 그 빚을 받지 않겠다고 하
면 곧 갚아지는 것과 같은 이치이다. 이와 같이 하늘에 있는
제석천왕이 염라왕과 오관사후신伍管司候神에게 명하면 놓아
줄 뿐만 아니라 도리어 공경하는 마음을 일으키게 되기 때문
이다. 이러한 복을 이루는 까닭에 악도에 떨어지지 않고 액
난을 벗어나고 마음의 소원을 따라 왕생하게 되는 것이다.

　악업으로 삼악도에 떨어질 처지에 놓인 이라도 임종 무렵
에 지극정성으로 삼보에 귀의하고 선업을 닦으면 액난에서
벗어나 원하는 곳에 태어난다는 것이다. 임종한 뒤의 복업
이 타력공덕에 따른 것임에 비해, 임종 무렵에 스스로 한마

음을 깨달아 지극한 신심을 내는 자력공덕의 중요성을 설파
하였다. 악업이란 곧 전생에 대한 빚과 같은데, 하늘에서 임
종 무렵에 보인 그의 신심과 공덕에 감복하여 빚을 없애 주
기 때문이라는 이치이다.

마지막으로 살아 있을 때 지어야 하는 공덕에 대해 살펴
보자.

사후에 시방부처님의 세계에 태어나기를 원한다면 마땅히
몸을 깨끗이 씻고, 깨끗한 옷을 입고, 향을 사르고, 번개幡盖
를 달아 삼보를 찬탄하고 불경을 외우라. 널리 병자를 위해
설해 놓은 인연법과 비유의 말씀과 미묘한 경의經義를 읽고
외우라. (…) 정성스럽게 도를 닦아 중생의 고통을 제도하라.
마음을 따라 원을 세우면 과를 얻지 못함이 없으리라.

선남선녀가 부처님의 착한 법法과 계戒를 받고 잘 이해하며
이 몸이 허깨비와 같은 것을 알아 부지런히 보리도菩提道를
닦고 익히다가, 살아서 삼칠일 동안 등불을 켜고 번개를 달
고 많은 스님들을 청해 부처님의 경전을 전독하고 모든 복
업을 닦아, 죽어서 할 일을 미리 역수逆修한다면 그 복덕이
무량할 것이다.

임종에 다다라 좋은 곳에 나기를 원한다면 몸과 마음을 깨끗이 하고 삼보를 찬탄할 것이며, 정성스레 도를 닦아 중생의 고통을 제도할 것을 가르치고 있어 주목된다. 마치 부처님과 같은 원을 세워 주변을 돌아보며 살아가도록 이끌고 있어, 궁극의 예수는 자리이타自利利他의 자리에서 이루어지는 것임을 알 수 있다.

또 다른 내용 중에는 우란분재盂蘭盆齋의 기원이 되는 '목련구모目連救母 설화'와 동일한 구조의 이야기가 등장한다. 한 장자가 지옥에 떨어진 부모를 구하고자 애태우다가 하안거가 끝나는 날 스님들을 청해 공양하고 선업을 쌓자 부모가 지옥에서 헤어나 천상에 태어나게 되는 내용이다. 이때 장자는 눈이 열리고 마음의 눈이 터져 "자작자수自作自受로다! 하늘이나 신의 힘이 아니로다!" 하고 외치게 된다. 자신의 힘으로 부모를 구제한 타력공덕이건만 그는 스스로 짓고 스스로 받은 것임을 외친 것이다. 여기에서 철저한 보살정신을 살펴볼 수 있다. 예수의 의미는 '누가 누군가를 위해 무엇을 한다'는 관점을 떠나, 누구를 위해 짓는 공덕이든 결국 내가 나를 위해 짓는 것임을 일깨우고 있다. 따라서 이 경전의 특징은 시왕이나 심판을 강조하지 않으면서도, 삼보에 귀의하여 자신을 닦고 공덕을 쌓으면 저절로 현세는 물론 내세도 바람직하게 살아갈 수 있다는 가르침으로 일관되어 있다는 점이다.

아울러 이러한 모든 공덕을 닦고 익히다가 살아서 삼칠일 동안 등과 번개를 달고, 스님들을 청해 경전을 읽으며, 복업을 지어 죽어서 할 일을 미리 역수逆修한다면 그 복덕이 무량할 것이라 하였다. 따라서 당시에는 칠칠일만이 아니라 삼칠일 또한 중요한 닦음의 기간이었음을 알 수 있다. 이는 사십구재가 칠칠일로 정착되기 전에 삼칠일도 중요한 날짜로 인식되었던 역사와 맥을 같이한다.

경전·지전 빚을 갚아 나가도록 한 『수생경』

―

『수생경壽生經』은 실제와 무관하게 현장玄奘 스님이 서역에서 구도행각을 하던 중 대장경을 열람하다가 발견했다는 유래를 지닌 경전이다. 경전에서는 현재 예수재에서 경전과 지전으로 전생의 빚을 갚아 나가는 근거를 제시하고 있다. 경전의 서술은 중생들이 이러한 빚을 갚고자 해도 갚을 길이 없어 아난존자가 부처님께 그 방법을 여쭈자 이에 대해 부처님이 답하는 방식으로 전개된다.

열두가지 띠를따라 남섬부주 거친세상
사람으로 태어날때 누구누구 할것없이
생명줄을 이어준돈 수생전을 빌리나니
명부에서 빌렸기에 갚아야할 것이니라

자비하신 부처님이 금구로써 설하시되
혹은어떤 선남자나 혹은어떤 선여인이
금강경과 수생경을 정성스레 독송하면
생명뿌리 본명전을 갚을수가 있느니라

만일어떤 선남자나 또는어떤 선여인이
보다일찍 이를알아 수생전을 바친뒤에
분명하게 설명하고 누락됨이 없게하되
빠뜨린관 있게되면 고사단에 바칠지니

어쩌다가 때를놓쳐 그냥죽게 되더라도
칠칠일이 되기전에 정성스런 마음으로
수생경을 읽은뒤에 불에살라 바친다면
삼세부모 칠대조상 모두천상 나게되고

위의 인용 구절을 포함하여 전반적인 『수생경』의 내용을 풀어보면 다음과 같다.

모든 중생은 각자의 십이지十二支에 따라 명부에서 수생전壽生錢을 빌려 생명을 받아 태어났기 때문에 이를 갚아야 한다고 보았다. 이를 갚지 않으면 갖가지 고통과 재앙을 받게 되지만 갚고 나면 18가지 액운이 소멸된다는 것이다. 그 방법은 『수생경』과 『금강경』을 봉독하고 수생전을 불살라 명부전에 바침으로써 모든 액운과 재앙에서 벗어나게 되고, 마침내 천상계에 왕생하게 될 것이라 강조하였다. 또 이 경전을 통해 누구나 자신이 태어난 해에 따라 각자 지닌 업이 다르다는 설정이 생겨났다.

따라서 현재 예수재에서 경전을 보지 못한 빚을 갚고자 경전을 읽고, 수생전이라는 금전을 갚고자 지전紙錢을 헌납하는 구도가 마련된 셈이다.

예수재의 유래와 지침을 다룬 『예수천왕통의』

『예수천왕통의五修薦王通儀』는 장육암藏六庵의 육화六和 스님이 찬술한 의식집으로 조선 전기에 간행된 것으로 추정된다. 생전예수재의 유래를 다룬 책이며, 부록에는 의식의 세부지침이 실려 있다.

본래 독립된 의식문이었으나 『예수시왕생칠재의찬요』를 펴내면서 함께 묶여 간행된 판본이 많다. 그 이유는 『예수시왕생칠재의찬요』는 의식절차를 중심으로 구성되어 있고, 『예수천왕통의』는 예수재의 사전 준비에 해당하는 내용이 실려 있어, 의식을 치르기 위해서는 두 의식문이 함께 필요하기 때문이다.

예수재의 유래로 시왕과 그 권속들에게 재공齋供을 베풀게 된 내력이 담겨 있어 중국에서 들여온 자료를 기반으로 육화 스님이 찬술한 것으로 보인다. 여기에는 북인도 마갈타국의 병사왕瓶沙王이 25년간 49번에 걸쳐 예수시왕생칠재를 올린 내용과 그가 저승에서 받아 온 명부계의 관직들인 종관의 목록 총 259위가 위계에 따라 밝혀져 있다. 아울러 편저한 육화 스님은 명도전에 근거하여 일체사자를 포함한 13위를 추가하면서 종관목록이 총 272위임을 설파하였다.

또 당나라 태종이 총애하던 신하 부혁傅奕이 죽었다는 소식을 듣고, 승만경勝鬘經에 의지하여 명부세계에서 통용되는 돈인 '개팔천開八天'을 만들어 예수재를 베풀었다고 한다. 이에 따르면 당시 명계전冥界錢을 만들 때는 앞면에 개팔천을 새기고 뒷면에 상평통보를 정교하게 그려 넣어 금색과 은색으로 찍도록 하였음을 알 수 있다.

또한 이 경전에는 삼장법사 현장 스님이 구도행각을 하던 중 대장경을 열람하다가 『수생경』을 발견하고 이를 번역함으로써 이후 중생들이 예수재를 봉행하여 큰 이익을 얻게 되었다고 설명하였다. 아울러 마지막에 십이생상十二生相을 추가하였다. 내용 가운데 다음과 같은 대목이 있다.

명왕재를 베풀면서 돌아가신 영가들로
복을받게 하려하여 수생전을 바치지만

찢어지고 구겨진돈 가려내지 아니하고
저승화폐 만드는법 의지하지 아니한채
명왕에게 바치므로 명왕들이 받지않고
이곳에다 던져버려 산을이룬 것입니다
동봉정휴 스님, 2003, 122쪽

이는 병사왕이 초기에 명부권속들의 명목도 모르고 저승화폐 만드는 법도 알지 못한 채 예수재를 지냈기에, 명부세계에서는 왕의 공양을 받은 적이 없었다는 내용을 기술할 때 등장하는 구절이다. 예수재를 지내더라도 명부계의 권속 이름을 정확히 알고 저승화폐를 바른 방식으로 만들어야 한다는 것으로 예수재의 의식적 측면의 중요성을 강조하였다.

부록에는 예수재를 치를 때 필요한 세부지침이 다양하게 실려 있다. 육십갑자에 따라 갚아야 할 빚을 적어 놓은 「십이생상속十二生相屬」, 예수재에서 모실 신적 존재의 위상별로 재단齋壇구성을 밝힌 「결단분위結壇分位」, 명부세계에서 사용할 돈을 만드는 방법을 적은 「조전법造錢法」을 비롯하여, 「봉전환근전헌상奉塡還謹專獻上」, 「물장物狀」 등이 전한다. 의식에 필요한 여러 준비사항을 상세히 다루어 『예수시왕생칠재의찬요』와 함께 예수재를 치를 때 필수적인 의식문이라 하겠다.

한국 예수재의 저본, 『예수시왕생칠재의찬요』

『예수시왕생칠재의찬요五修十王生七齋儀纂要』는 예수재의 의식절차를 상세히 다룬 본격적인 의식집이다. 조선 초기의 인물로 추정되는 대우^{大愚} 스님이 찬술한 것으로, 1576년(명종 21)부터 1600년대 중반까지 총 일곱 번에 걸쳐 간행되었다. 현재 우리나라에서 실행되는 예수재의 본 의식과 거의 동일한 내용으로 구성되어 있어 많은 사찰에서 이를 기본으로 삼고 있다. 이 『예수시왕생칠재의찬요』는 『예수천왕통의』와 함께 1935년에 안진호 스님이 편찬한 『석문의범釋門儀範』 상권에도 실려 있다.

책의 구성은 의식절차를 중심으로 이루어져 있으며 각 편마다 의식을 치르는 목적과 절차를 설명하였다. 예전에는 해가 지고 나서 밤재 중심으로 예수재를 치렀기 때문에 의식절차 또한 이에 적합하도록 구성되어 있다.

그런데 『예수시왕생칠재의찬요』의 의식절차는 판본에 따라 조금씩 다르다. 이에 『석문의범』에서는 각 판본을 참조하여 전체적인 틀은 그대로 두면서 의식을 치르기 편하도록 총 35편으로 재편하였다. 따라서 『석문의범』에 실린 내용을 중심으로 『예수시왕생칠재의찬요』의 내용구성이자, 예수재의 의식절차를 살펴보면 다음과 같다.

제1 통서인유편通敍因由篇
제2 엄정팔방편嚴淨八方篇

이외에 부록으로 예수재에서 모실 신적 존재가 머물 단을 나눈 「분단규식分壇規式」, 예수재에서 바칠 지전을 옮기는 「금은전이운식金銀錢移運式」이 있다.

위상에 따른
자리 마련,
설단

예수구단預修九壇의 신위체계

—

예수재를 준비할 때 가장 중요한 일은 신위체계에 따라 자리를 마련하는 '설단設壇'이다. '신위神位'란 신적 존재가 머무는 자리를 상징적으로 나타낸 것으로, 설단에 대해서는 『예수시왕생칠재의찬요』의 부록 「분단규식」과 『예수천왕통의』의 「결단분위」에 상세히 실려 있다.7

예수재를 치르기 위해서는 모두 9개의 단이 필요하여 이를 '예수구단五修九壇'이라 한다. 먼저 상단上壇·중단中壇·하단下壇의 3단으로 나누는데 이때 상단은 증명단의 구실을 하고, 중단이 중추적 위치를 차지하며, 하단은 부속단에 해당한다. 다시 상단은 상상단·상중단·상하단, 중단은 중상단·중중단·중하단, 하단은 하상단·하중단·하하단으로 구분한다. 그런데 『예수시왕생칠재의찬요』의 「분단규식」에서는 하단을 양단으로 구분하여 총 8단을 설치하도록 하고 있어 하단에 마구단을 덧붙여 모두 9개 단을 설치하도록 한 『예수천왕통의』의 「결단분위」와 차이를 보인다.

예수재의 각 단에 모실 대상을 상·중·하로 구분하여 살펴보면 [표 6]과 같다. 이는 각 단의 범주에 들어가는 대상을 구분한 것이며, 실제 설단의 모습은 이와 다소 달라지게 마련이다. 이를테면 사대천왕四大天王의 경우 상단의 상하단에 속하지만, 실제 단을 구성할 때는 사방을 호위하는 성격에 맞추어 전체 상단의 동서남북에 배치하게 된다. 하중단인 사자단使者壇도 위격으로는 하상단의 왼쪽(동쪽)이지만, 『예수천왕통의』에는 서쪽 가에 두도록 한다. 이는 저승을 상징하는 서쪽과 가깝도록 하기 위함일 것이다([그림 1] 참조). 아울러 예수재뿐만 아니라 모든 의식을 행할 때는 신위를 모신 곳을 북쪽으로 설정한다.

신위는 '위목位目'으로 모시도록 하였다. '위목'이란 명호를 새긴 나무판을 말하는데, 근래에는 위목을 쓰지 않고 위패를 접어 모시거나 번幡을 달아 모시기도 한다. 단을 배치하는 거리는 약 15cm 정도에 해당하는 '5촌寸'이며, 상단으로부터 하단에 이르기까지 차례대로 거불擧佛한 다음에 소疏

를 독송토록 하였다.

상단의 존재와 상징성

—

상단에는 가장 위의가 높은 부처님을 중심으로 예수재의 주된 관심사인 명부계의 주존과 그 권속, 그리고 불법을 수호하는 대표존재들을 배치함으로써 예수재를 원만히 치를 수 있는 기틀을 마련하게 된다.

	상하단	상상단	상중단
상단	대범천왕(中) 제석천왕(左) 사대천왕(右)	비로자나불(中) 노사나불(左) 석가모니불(右)	지장보살(中) 육광보살·도명존자(左) 육대천조·무독귀왕(右)
	중하단	중상단	중중단
중단	종관(中) 7위 영관(左) 부지명위(右)	풍도대제(中) 하원지관(左) 시왕(右)	26위 판관(中) 37위 귀왕(左) 2부 동자·12사자(石)
	하하단(마구단)	하상단(고사단)	하중단(사자단)
하단	운마·낙타	고조관(中) 관사(左) 군졸·관리(右)	사천사자·공행사자 지행사자·염마사자

[표 6] 예수재 설단의 내용

증명단인 상단의 맨 윗자리인 상상단은 중앙에 배치하여 청정법신清淨身佛 비로자나불을 중심으로 좌우에 원만보신圓滿報身 노사나불, 백억화신百億化身 석가모니불의 '삼신불단三神佛壇'을 모신다. 명부세계와 관련된 예수재라 하더라도 가장 위의가 높은 부처님을 맨 윗자리에 모셔 의식을 증명하고 가피를 내리는 존재로 삼는 것이다. 아울러 예수재 또한 궁극적으로는 부처님의 세계를 지향한다는 뜻을 담고 있다.

상단의 중간 위치에 속하는 상중단은 상상단의 왼쪽이자 동쪽에 설치한다. 이곳에는 명부계의 주존인 지장보살을 중심으로 왼쪽에 육광보살六光菩薩과 도명존자道明尊者를, 오른쪽에 육대천조六大天曹와 무독귀왕無毒鬼王을 모신다. 이들은 모두 명부세계에서 중생을 이끌어 주기 위해 모신 존재들이다.

'육광보살'은 지장보살을 포함하여 용수보살龍樹菩薩·관세음보살·상비보살常悲菩薩·다라니보살·금강장보살金剛藏菩薩의 여섯 보살을 말한다. 『예수시왕생칠경』을 보면 육광보살이 수차례 등장하는데, 석가모니가 열반에 들 무렵의 내용에 다음과 같은 구절이 있다.

상위 3단 (법당 내)

(西)	석가모니불　비로자나불　노사나불	(東)
북방천왕 제석천왕　대범천왕 서방천왕		동방천왕 육광보살　도명존자　지장보살　무독귀왕　육대천조 남방천왕

중위 3단

제10대왕	제8대왕	제6대왕	제4대왕	제2대왕	제1대왕	제3대왕	제5대왕	제7대왕	제9대왕
부지명위	종관	7위영관	풍도대제		하원지관	12사자	2부동자	26위판관	37위귀왕

하위 3단

마구단　　사자단		고사단
낙운　　사천사자　공행사자　지행사자　염마사자 타마		군관　고관 　　　조 졸리　관사

[그림 1] 예수재 설단도

이와 함께 육광보살에게 발원하고 기원하는 내용이 거듭
되어 예수재에서 육광보살이 중생을 구제하는 중요한 위치
를 차지하고 있음을 알 수 있다. 또한 조선시대에는 육광보
살을 도상화한 〈지장시왕도〉가 많이 등장한다. 지장보살이
육도六道 중생을 제도하기 위해 지옥·아귀·축생·아수라·인
간·천상에 각각 나타난다고 보아 이를 '육지장六地藏'이라 부
르면서, 이때의 육지장을 곧 육광보살로 묘사한 것이다.

'육대천조六大天曹'는 비로자나화신천조, 비로자나응신천
조, 비로자나법신천조, 대지노사나화신천조, 미륵화신태산
부군천조, 남방노인지장화신천조를 말한다. 비로자나불·노
사나불·미륵불·지장불 등과 천조天曹를 합한 명칭에서 알
수 있듯이 중생의 구제를 도모하기 위해 여러 불보살이 명
부계의 관직인 천조로 화하였음을 나타내고 있다.

도명존자道明尊者와 무독귀왕無毒鬼王은 지장보살이 가는
곳마다 좌우에 빠지지 않고 등장하는 권속들이다. 지장보살

106

지장시왕도(ⓒ 동화사)

의 왼쪽에 있는 '도명존자'는 젊은 사미승의 모습을 하고 있으며, 그에 대해 「환혼기還魂記」라는 설화가 전한다. 도명은 중국 양주 개원사開元寺의 승려였는데, 778년에 저승사자의 착오로 지옥에 가게 되어 지장보살을 친견한 뒤 다시 이 세상으로 돌아왔다. 이에 자신이 본 바를 세상에 알리고 명부세계의 모습을 그림으로써 그 뒤 지장보살의 협시로 자리하게 되었다는 것이다. 지장보살의 오른쪽에 있는 '무독귀왕'은 주로 문관이나 왕의 모습으로 표현된다. 그는 『지장보살본원경』에 등장하는데, 어느 브라만의 딸이 죽은 어머니를 찾아 지옥에 갔을 때 무독귀왕이 나타나 지옥세계를 보여준다는 내용이 있어 명부세계의 주존인 지장보살을 받들게 되었다. 본존인 지장보살을 중심으로 좌우에 도명존자와 무독귀왕이 협시하고 있어 이를 '지장보살삼존'이라 부른다. 도명존자와 무독귀왕이 함께 지장보살과 결합된 사례는 다른 나라에 없는 우리나라만의 특성이기도 하다.

　상단의 하위에 속하는 상하단은 상상단의 오른쪽이자 서쪽에 설치한다. 이곳에는 불법을 수호하는 역할을 맡은 대범천왕大梵天王·제석천왕帝釋天王·사방천왕四方天王을 모신다. 여러 신 가운데 특히 불법수호의 능력이 뛰어난 존재들로, 본래 인도 전통의 신을 불교의 호법신으로 수용한 것이다. 불교의 세계관에서 볼 때 '대범천'은 욕계欲界 위에 있는 색계色界의 초선천初禪天을 다스리는 왕이다. '제석천'은 지상에서 가장 높은 수미산須彌山 정상의 욕계 제2천인 도리천忉利天의 주재자를 맡고 있다. '사방천왕'은 주로 '사천왕'이라 부르며 불국정토의 동서남북 외곽을 맡아 지키는 대표적인 외호신이다.

중단의 존재와 상징성

—

중단은 예수재의 중추적 위치를 차지한다. 중단에 모시는 이들은 모두 명부세계의 존재들로, 예수재가 다음 생에 살아가면서 갚아야 할 현생의 과보를 살아 있는 동안에 미리 갚는 성격의 의식임을 잘 드러내는 대목이다. 따라서 사후에 만나게 될 심판자적 존재들에게 미리 기도를 올리며 지금까지 지은 죄업을 참회하는 뜻이 담겨 있다.

맨 윗자리에 속하는 중상단은 중단의 중앙에 배치하며, 가운데 풍도대제酆都大帝를 모시고 왼편에 하원지관下元地官, 오른편에 시왕을 모신다.

'풍도대제'는 도교에서 지옥의 신들을 총괄하는 왕이다. 지옥의 총사령관격인 풍도대제는 하나의 직책으로서 중국의 전설에 나오는 황제 신농씨神農氏가 맡았다는 이야기도 있다.

'하원지관'은 도교의 삼원사상三元思想과 관련이 있다. 도교에서는 천상의 선관仙官이 해마다 1월 보름인 상원上元, 7월 보름인 중원中元, 10월 보름인 하원下元이면 인간의 선악을 살피러 내려온다고 하여 이때 초제醮祭를 지내는 풍속이 있었다. 천상의 선관은 상원천관上元天官·중원지관中元地官·하원수관下元水官으로 각각 상원·중원·하원에 생겨났다고 하여 이날을 삼관대제三官大帝의 제삿날로 삼은 것이다. 따라서 하원지관은 이들 삼관대제를 혼합하여 쓴 말로 보인다.

'시왕'은 명부세계에서 생전에 지은 죄업을 가려 심판하는 열 명의 왕이다. 이들의 명호를 보면 제1 진광왕秦廣王, 제2 초강왕初江王, 제3 송제왕宋帝王, 제4 오관왕伍官王, 제5 염라왕閻羅王, 제6 변성왕變成王, 제7 태산왕泰山王, 제8 평등왕平等王, 제9 도시왕都市王, 제10 오도전륜왕伍道轉輪王이다. 시왕은 명부세계를 상징하는 대표적 존재로, 내세의 심판자인 시왕에 대한 신앙은 동양 여러 나라에 널리 성행하고 있다. 특히 시왕신앙은 지장신앙과 밀접하게 결합되어 명부전에는 어김없이 지장보살과 시왕이 함께 모셔져 있다. 이는 지장보살이 지옥에 있는 중생까지 남김없이 성불시키겠다는 원을 세운 대자대비의 보살로서, 명부시왕의 무서운 심판에서 중생을

명부전 외부(흥천사)

명부전 내부(화암사)

명부권속(송광사)

건져 줄 구제자적 역할이 부각되었기 때문이다.

중단의 중간 위치에 속하는 중중단에는 26위의 판관判官을 모시고 그 왼편에 37위 또는 36위의 귀왕鬼王, 오른편에 2부 동자二符童子와 12사자使者를 모신다. 이들은 모두 명부세계에 속한 관리이자 시왕이 거느리는 권속으로 각자의 계급과 업무에 따라 해당하는 관복을 입고 일을 한다. 이를테면 판관은 시왕의 재판을 보조하여 망자의 죄와 업을 기록하는 등 문서와 관련된 일을 담당하기 때문에 문관의 옷을 입은 모습으로 표현된다.

중단의 하위에 속하는 중하단에는 종관從官을 중심으로 왼편에 7위의 영관靈官, 오른편에 부지명위不知名位의 명계관리들을 모신다. '부지명위'란 이름을 알지 못하는 여러 관리들을 말한다. 명부세계에 근무하지만 이름을 모르는 말단 관리까지 빠짐없이 거론한 셈이다.

하단의 존재와 상징성

—

하단은 예수재의 부속단으로, 의식을 치르기 위해 필요한 여러 가지 궂은일을 도맡아 처리하는 존재들을 청해 모

112

신다. 명부세계의 재산창고를 지키고 관리하는 이들, 이승과 저승으로 소식을 알리는 이들과 명부의 존재들을 태우고 왕래하는 동물들에게도 빠짐없이 공양을 올리며 섬김으로 써 예수재를 원만히 회향하게 된다.

하단의 맨 윗자리에 속하는 중상단은 '고사단庫司壇'으로 가운데 배치한다. '고사庫司'는 민간에서 '고지기'라 부르듯이 창고를 지키는 직책으로 저승의 돈과 경전을 보관하고 관리 하는 일을 맡은 존재들이다. 이곳에는 고조관庫曹官을 중심 으로 왼편에 관사官司, 오른편에 군졸을 비롯한 하급관리들 을 모신다.

하단의 중간 위치인 하중단은 지상과 명부세계를 오가는 존재들을 모시는 '사자단使者壇'이다. '저승사자'라는 말처럼 본래 사자는 사람이 죽으면 명부세계에서 지상으로 파견 나 와 망혼을 저승으로 데려가는 이들이다. 그런데 예수재에서 는 동참재자들의 서원을 담은 문서를 명부세계에 전달하기 위해 사자를 청하고 돌려보내는 구도로 진행된다. 따라서 예수재에 초대받은 사자들은 이승에서 행하는 모든 일들을 저승에 가서 소상히 알리는 역할을 맡고 있다.

민간에서는 저승사자를 세 명으로 보기도 하나, 예수재 에서는 사람이 태어난 연월일시를 각각 다스리는 네 명의

사자가 있다고 보아 위계의 높낮이 없이 동격의 '사직사자四
直使者'를 모신다. 사직사자는 연직年直 사천사자四天使者, 월직
月直 공행사자空行使者, 일직日直 지행사자地行使者, 시직時直 염
마사자琰魔使者이다. 아울러 사자단은 이승과 저승을 오가야
하기 때문에 서쪽 바깥쪽에 두어 저승을 상징하는 서방과
가깝도록 하였다.

하단의 하위에 속하는 하하단은 '마구단馬廐壇'이다. 이곳
에는 운마雲馬와 낙타 등의 동물을 모시며 모두 동격이다.
이들은 사직사자를 태우고 다닐 뿐만 아니라 명부세계에
바칠 경전과 지전을 실어 나를 중요한 존재들이다. 따라서
먼 길을 힘들게 오가며 수고할 동물들을 청해 공양을 베풀
게 된다.

설단의 만다라적 특성

—

앞서 제시한 〈예수재 설단도〉를 보면, 예수재의 신위는 상
단·중단·하단마다 중앙과 좌와 우로 위격을 나누어, 좌우
에서는 중앙의 존재를 보필하는 가운데 자신의 임무를 수
행하는 구조로 아홉 단계를 이루고 있다. 그뿐만 아니라 아

흡의 각 단계 내에서도 다시 중앙과 좌우로 위격을 달리하는 존재들을 모심으로써 예수재에 청하는 불보살과 성중聖衆은 다층구조를 이루고 있다. 이들은 현세에 존재하지 않는 가상의 초월적 존재이자, 현세의 원리를 담고 있는 법계法界의 주재자로서 불교적 세계관의 만다라적 특성을 보여준다.

예수재를 위한 설단과 함께 마치 등에 불을 밝힌 듯 관념적인 세계가 가시화된다. 재단을 갖춤으로써 중생의 현실 문제를 해결하기 위한 초월적 존재들의 세계가 펼쳐지는 것이다. 이렇듯 예수재가 펼쳐지는 의례공간은 인과응보의 엄정한 원리와 초월적 존재들의 대자비가 함께하는 곳이다.

따라서 의례에 임하는 중생은 시방삼세에 존재하는 불보살과 천계·지계·명계의 수많은 신중과 권속을 모시고 저마다 자신의 업을 되돌아보게 된다. 중생의 근기根機에 맞추어 전생의 빚을 갚아 나가는 방식으로 의식을 설행하고 있지만, 궁극의 가르침은 이승과 저승, 인因과 과果의 원리를 새기면서 지금 이 자리에서 해야 할 예수의 참된 의미를 되돌아보도록 하는 자리인 것이다.

예수재에는 부처님에서부터 지천地天을 오가는 말에 이르기까지, 천상에서부터 지옥에 이르기까지 인간이 상상할 수 있는 모든 세계와 다양한 존재들이 다층구조를 이루고 있지만, 이들은 결국 하나의 원리로 통합된다. 예수재에 참석한 중생의 마음 또한 백인백색이지만 궁극의 지향점은 하나이다. 모두 함께 참회하고 닦아 궁극의 부처를 이루는 것, 예수재 설단은 이를 위한 설단이요 기원이다.

금은전의
조성과 헌납

명부화폐를 만드는 조전법造錢法

—

명부세계의 돈은 '수생전壽生錢'이라 하고, 이 돈을 만드는 법을 '조전법造錢法'이라 한다. 수생전은 금전과 은전이 있어 이를 통칭하여 '금은전金銀錢'이라 부른다. 앞서 살펴본 『수생경』의 내용처럼 인간은 저승에서 수생전을 빌려 목숨을 받았기[수생壽生] 때문에 이를 갚아야 한다고 보았다. 누구든 금전과 더불어 경전을 읽지 못한 빚을 지고 있어 예수재에서는 이러한 금전과 경전 빚을 갚는 과정이 핵심을 이루고 있다. 따라서 명부세계에서 통용되는 돈을 만드는 법 또한 매우 중요하다. 이때의 돈은 화폐가치와 무관한 일반 종이를 사용하지만 의식을 거침으로써 명부에서 유통할 수 있는 성스러운 돈으로 바뀌게 된다.

근래에는 이를 '조전점안造錢點眼'이라고도 부른다. 불상·
불화·탑·가사袈裟처럼 삼보와 관련된 대상물을 조성한 뒤
생명을 불어넣어 신앙의 대상으로 변환시키는 의식을 '점안
點眼'이라 하는데 속계의 종이를 초월적 세계의 화폐로 바꾸
는 일이기에 이 또한 점안이라는 말을 쓴 것이다.

앞서 살펴본 대로 『시왕경』에는 염부제閻浮提 사람들이 신왕
을 모시면서 법에 따르지 않고 함부로 돈을 만들어 신왕들이
이를 쓰지 않고 버린 것이 커다란 산을 이루었다는 내용이 등
장한다. 이에 「신묘장구대다라니」를 외고, 월덕月德 방위의 물
을 길어 돈 위에 뿌려야 비로소 금은전으로 변하게 된다고 하
였다. 종이돈이라 해서 법력이 없는 이가 함부로 만들어 금은
전이 되는 것이 아니므로 여법한 절차에 따라 신성성을 불어
넣어야 제대로 된 금은전을 만들 수 있음을 강조한 것이다.

따라서 본재本齋가 시작되기 전에 법당에서 조전의식을
행하는데 『예수천왕통의』에는 이에 대해 몇 가지 사례를 들
며 상세히 설명하고 있다. 조전법의 핵심은 법사 스님이 버
드나무 가지로 만든 발 위에 지전을 놓고 진언을 외우면서
물을 흩뿌리는 일련의 의식을 행함으로써 종이돈이 금은
전으로 바뀌게 되는 데 있다. 이 가운데 근래의 조전의식과
유사한 내용을 중심으로 간추려보면 다음과 같다.

- 돈을 만들 때는 조전막造錢幕을 쳐서 조전도량을 설치한다.

- 조전을 행하는 법사는 가사를 갖추고 조전을 하기 전에 동쪽을 향
해 조전진언造錢眞言을 108번 읊는다. 다른 스님들은 돈이 다 만들어
지기까지 대비주를 정성껏 읊는다.

- 돈이 만들어지면 버드나무 가지로 만든 발을 깔고 그 위에 돈을 쌓은
뒤 짚으로 만든 발로 돈을 덮고 성전진언成錢眞言을 108번 읊는다.

- 달이 비치는 물[월덕방수月德方水]을 한 되 길어 놓고 증명단 법사에게
드리면, 법사는 물그릇을 들고 솔가지에 물을 적셔 돈 위에 두루 뿌
리며 쇄향수진언灑香水眞言을 108번 읊는다.

- 다시 동쪽을 향해 앉아 금은전으로 변해 가는 모습을 관하다가 이윽고
명부시왕과 권속들에게 나누어 올린다. 이때 변성금은전진언變成金銀錢
眞言 · 괘전진언掛錢眞言 · 헌전진언獻錢眞言 등을 108번 읊는다.

예전에는 돈을 만들 때 한 자 길이의 한지를 사용하여 금
전은 노란색으로 물들이고, 은전은 한지 그대로 사용하여
둥근 끌로 일일이 돈을 아로새겼다고 한다. 지전목판에 돈

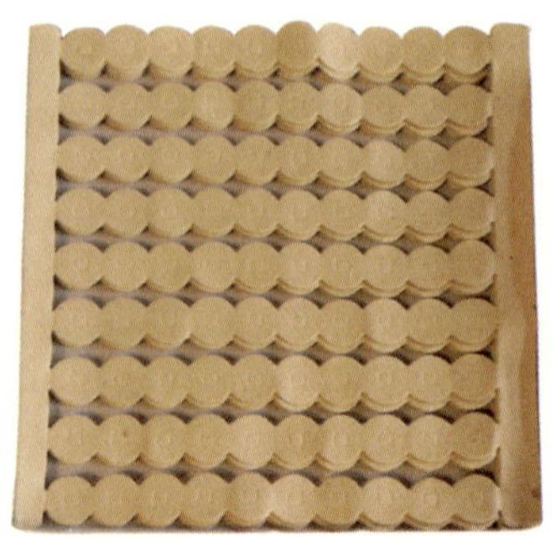

수생전(금전)

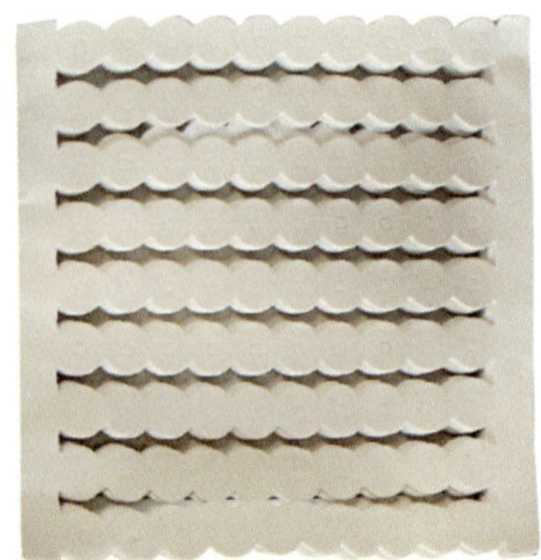

수생전(은전)

을 찍은 다음 둥글게 오려 내어 가운데 구멍을 뚫고 꾸러미 돈을 만들어 사용한 것이다. 그러나 이렇게 하면 지전을 찍는 데 많은 종이와 노력이 들기 때문에, 한 장에 엽전 모양으로 이어진 지전을 사용하거나 인쇄용 지전으로 대체된 지 오래이다. 또한 조선시대에도 고가화폐에 해당하는 금은전을 사용했듯이, '명부금고'·'명부은행'에서 발행한 일만 관짜리 고액권 지폐를 많이 사용하고 있다.

따라서 돈을 어떤 모양으로 만드는가 하는 것보다 만들어진 돈에 생명력을 불어넣는 조전점안의 의식이 중요하다. 조전점안의 핵심은 법력을 갖춘 스님이 조전진언·성전진언·쇄향수진언·변성금은전진언·괘전진언·헌전진언 등의 진언과

수생전

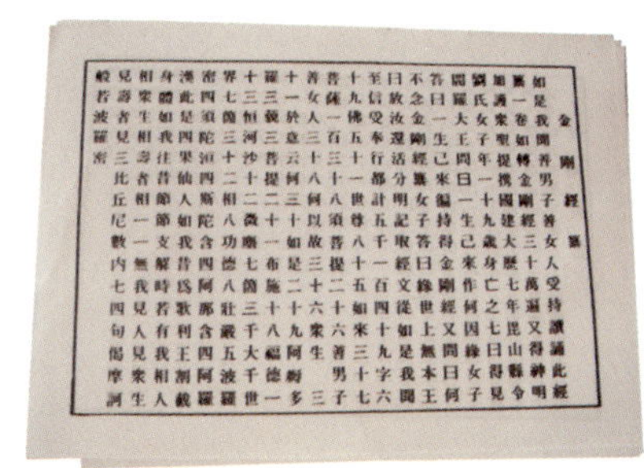

예수재 헌납경전(금강경)

월덕방수를 뿌리는 정화의식으로써 이루어진다는 점이다.

조전진언	옴 바라훔 사바하
성전진언	옴 반자나 훔 사바하
쇄향수진언	옴 바라패 훔
변성금은전진언	옴 발사라 반자니 사바하
괘전진언	옴 반자나 반자미 사바하
헌전진언	옴 아자나훔 사바하

이렇게 만들어진 금은전은 경전과 함께 중단의 시왕전으로 이운했다가, 나중에 저승의 돈과 경전을 보관하는 고사

단 앞으로 옮기게 된다. 이후 금은전을 태움으로써 마구단
에서 이를 날라 명부세계로 가져가는 것이다.

육십갑자에 따라 갚아야 할 빚

—

예수재에서 모든 중생은 누구나 전생에 경전을 보지 못
한 빚과 금전적인 빚을 지니고 있다고 본다. 그런데 자신이
태어난 해에 따라 읽어야 할 경전과 갚아야 할 금액이 다르
다고 하여 이를 육십갑자별로 적어 놓은 것을 '십이생상속
十二生相屬'이라 한다. 따라서 예수재에 참석한 이들은 십이생
상속에 따라 자신에게 해당하는 빚을 갚아야 한다.

누구나 전생의 빚을 지고 있다고 보는 것은 이를 갚지 못
했을 때 업이 깊어지거나 죄가 커진다는 의미가 아니다. 예
수재에 동참한 이들이 여러 불보살과 신중에게 공양을 올리
고 기도하는 공덕을 '빚을 갚는' 행위로 본다는 데 핵심이
있기 때문이다. 그렇다면 왜 이러한 공덕을 빚을 갚는 것으
로 표현하는 것일까.

그 뜻은 참회를 이끄는 데 있다. 누구든 살아오면서 크
고 작은 잘못을 짓게 마련이지만 자신이 쌓아 온 악업에 대

해 별다른 의식 없이 살아가는 이들이 많다. 참회할 줄 모른다면 아무리 많은 보시를 한다 해도 올바른 불자의 삶이라 할 수 없다. 자신의 업을 돌아보고 참회하는 그 마음자리에서 비로소 참된 기도와 수행이 시작되기 때문이다. 따라서 불공을 올리는 공덕을 빚 갚음으로 돌리는 마음가짐은 보답을 바라지 않고 행하는 보시와 같다. 자신이 공덕을 쌓는 그 자리를 오히려 잘못을 뉘우치는 자리로 삼음으로써 더 큰 공덕이 돌아오는 이치가 담겨 있는 것이다.

간지	생년	갚을 돈	읽을 경전	내야 할 곳(庫·曹官)
쥐 띠	갑자생	5만 3천 관	17권	제3고 원(元) 조관
	병자생	7만 3천 관	24권	제9고 왕(王) 조관
	무자생	6만 3천 관	21권	제6고 윤(尹) 조관
	경자생	11만 관	35권	제9고 이(李) 조관
	임자생	7만 관	22권	제3고 맹(孟) 조관
소 띠	을축생	28만 관	94권	제15고 전(田) 조관
	정축생	4만 3천 관	94권	제15고 전(田) 조관
	기축생	8만 관	25권	제3고 최(崔) 조관
	신축생	11만 관	36권	제18고 길(吉) 조관
	계축생	2만 7천 관	10권	제8고 습(習) 조관
호랑이 띠	병인생	8만 관	26권	제10고 마(馬) 조관
	무인생	6만 관	20권	제11고 곽(郭) 조관

간지	생년	갚을 돈	읽을 경전	내야 할 곳(庫·曹官)
호랑이 띠	경인생	5만 1천 관	28권	제15고 모(毛) 조관
	임인생	9만 6천 관	22권	제13고 최(崔) 조관
	갑인생	3만 3천 관	11권	제13고 두(杜) 조관
토끼 띠	정묘생	2만 3천 관	9권	제11고 허(許) 조관
	기묘생	8만 관	25권	제26고 송(宋) 조관
	신묘생	8만 관	26권	제4고 장(張) 조관
	계묘생	1만 2천 관	8권	제20고 왕(王) 조관
	을묘생	8만 관	26권	제18고 유(柳) 조관
용 띠	무진생	5만 2천 관	18권	제14고 풍(馮) 조관
	경진생	5만 7천 관	19권	제24고 유(劉) 조관
	임진생	4만 5천 관	15권	제1고 조(趙) 조관
	갑진생	2만 9천 관	10권	제19고 동(董) 조관
	병진생	3만 2천 관	11권	제35고 가(賈) 조관
뱀 띠	기사생	7만 2천 관	24권	제31고 조(曹) 조관
	신사생	5만 7천 관	19권	제37고 고(高) 조관
	계사생	3만 9천 관	13권	제50고 배(裵) 조관
	을사생	9만 관	30권	제21고 양(楊) 조관
	정사생	7만 관	23권	제16고 정(程) 조관
말 띠	경오생	6만 2천 관	20권	제43고 진(陳) 조관
	임오생	7만 관	33권	제44고 공(孔) 조관
	갑오생	4만 관	13권	제21고 우(牛) 조관
	병오생	3만 3천 관	12권	제60고 숙(肅) 조관
	무오생	9만 관	30권	제39고 사(史) 조관
양 띠	신미생	1만 3천 관	32권	제59고 상(常) 조관
	계미생	5만 2천 관	17권	제49고 주(朱) 조관
	을미생	4만 관	13권	제51고 황보(皇甫) 조관

간지	생년	갚을 돈	읽을 경전	내야 할 곳(庫·曹官)
양 띠	정미생	9만 1천 관	29권	제52고 주(朱) 조관
	기미생	4만 3천 관	15권	제5고 변(卞) 조관
원숭이 띠	임신생	4만 2천 관	14권	제49고 묘(苗) 조관
	갑신생	7만 관	23권	제56고 여(呂) 조관
	병신생	3만 3천 관	11권	제57고 하(何) 조관
	무신생	8만 관	36권	제58고 시(柴) 조관
	경신생	6만 1천 관	21권	제42고 호(胡) 조관
닭 띠	계유생	5만 관	16권	제12고 신(申) 조관
	을유생	4만 관	24권	제2고 안(安) 조관
	정유생	17만 관	48권	제29고 민(閔) 조관
	기유생	9만 관	29권	제32고 손(孫) 조관
	신유생	3만 7천 관	13권	제15고 정(丁) 조관
개 띠	갑술생	2만 5천 관	9권	제27고 병(並) 조관
	병술생	8만 관	25권	제3고 좌(左) 조관
	무술생	4만 2천 관	14권	제36고 진(晉) 조관
	경술생	11만 관	35권	제2고 신(辛) 조관
	임술생	7만 3천 관	25권	제4고 팽(彭) 조관
돼지 띠	을해생	4만 8천 관	16권	제42고 성(成) 조관
	정해생	3만 9천 관	13권	제40고 길(吉) 조관
	기해생	7만 2천 관	25권	제50고 정(丁) 조관
	신해생	10만 1천 관	45권	제40고 석(石) 조관
	계해생	7만 5천 관	24권	제15고 구(仇) 조관

[표 7] 육십갑자에 따른 전생의 빚

『수생경』·『예수천왕통의』에는 태어난 해에 따라 갚아야 할 돈, 읽어야 할 경전, 그리고 이러한 빚을 내야 할 창고와 그곳 관리의 성씨가 상세히 실려 있다. 경전은 주로『금강경』과『수생경』을 봉독하고 나중에 수생전과 함께 불사르게 된다.

갚을 돈의 단위는 '관貫'이다. 그렇다면 우리가 갚아야 할 금액이 지금의 돈으로 환산하면 어느 정도의 값어치일지 궁금하지 않을 수 없다. 조선 후기는 '상평통보常平通寶'라는 동전이 유통되던 시대였다. 여기서 나오는 관은 조선시대 최고의 화폐단위로 1관은 10냥兩에 해당하는 금액이다. 1냥은 10전錢이고, 1전은 10문文이어서 '1관＝10냥＝100전＝1,000문'이라는 십진법으로 돈 가치를 환산하였다. 조선 후기 한 냥의 화폐가치는 쌀값 등으로 환산해 볼 때 약 4~5만 원에 해당하니, 한 푼(문)은 지금의 400~500원 정도 되는 셈이다.[8]

따라서 1관은 40~50만 원이고, 천 관은 4~5억, 만 관은 40~50억 원이다. 이를 통해 볼 때 십이생상속에서 가장 낮은 금액인 1만 2천 관을 갚자면 54억 정도가 필요하고, 가장 높은 금액인 28만 관을 갚자면 천억이 넘는 금액이 된다. 금액이 너무 커서 일반 화폐로는 헌납하기 힘들기에 금은전으로 만들었던 셈이다.

이렇게 천문학적인 금액을 설정한 것은 우리의 업이 그만큼 깊고 무거움을 나타내기 위함이다. 그 업은 과거 한 생의 것만이 아니라 무수한 전생의 업연業緣이 쌓인 것 아닌가. 어떤 일의 가치를 물질로 나타낼 때 금액이 높을수록 가벼이 여길 수 없는 중대한 일임을 느낄 수밖에 없다. 따라서 업연의 위중함과 엄정함을 새기면서 이러한 높은 금액의 빚을 갚을 수 있을 만큼 간절한 수행으로 악업을 녹이고 선업을 지어 나가도록 이끄는 것이다.

예수재의 절차와
내용

예수재의 일곱 단계

—

예수재의 절차와 내용은 『석문의범』에 『예수시왕생칠재의
찬요』의 각 판본을 참조하여, 전체적인 틀은 그대로 두면서
총 35편으로 재구성해 놓은 바 있다. 본래의 『예수시왕생칠
재의찬요』는 내용이 길어 의식에 참조할 수 있도록 간략하
게 요약한 것이다. 따라서 지금부터는 『석문의범』에 근거하
여 각 단계를 좀 더 상세하게 살펴보고자 한다.

예수재 의식은 크게 일곱 단계로 나누어 살펴볼 수 있다.
일곱 단계는 필자가 임의로 나눈 것이며, 이를 간략히 정리
하면 [표 8]과 같다. 표에서 '해당 의식편'이란 『석문의범』의
35편을 말한다.

절차	내 용	해당 의식편
의식보고	– 예수재를 봉행하게 된 연유를 고함 – 동참대중은 참회하며 청정 업을 다짐함	통서인유편
도량정화	– 의식공간을 청정하게 정화함 – 법사 스님을 청해 법문을 들음 – 일체 성중과 대중을 위해 향공양을 올림	엄정팔방편 주향통서편 주향공양편
사자공양	– 사직사자를 청해 공양을 올리고 돌려보냄 – 사자를 통해 명부세계의 성중을 예수재에 청하는 문서를 전달함	소청사자편 안위공양편 봉송사자편
상단 소청 ·관욕	– 불보살을 비롯해 상단에 모실 존재들을 청함 – 상단 관욕을 행한 뒤 증명단의 자리로 모심	소청성위편 봉영부욕편 찬탄관욕편 인성귀위편 헌좌안위편 보례삼보편
중단 소청 ·관욕	– 중단에 모실 명부세계의 존재들을 청함 – 중단 관욕을 행한 뒤 상단의 삼보전에 배례케 한 후 각자의 자리로 모심	소청명부편 청부향욕편 가지조욕편 제성헐욕편 출욕참성편 참례성중편 헌좌안위편
약식공양	– 상단과 중단에 간단한 공양을 올림	기성가지편 보신배헌편 공성회향편
하단 소청	– 중단의 금은전과 경전을 하단으로 이운함 – 하단에 모실 존재들을 청함 – 상단·중단에 차례로 배례케 한 후 각자의 자리로 모심	소청고사판관편 보례삼보편 수위안좌편
가지 공양	– 상단에 가지공양을 올림 – 중단에 가지공양을 올림 – 하단에 가지공양을 올림 – 금은전 헌납을 증명하는 「함합소」를 독송함 – 모든 성중에게 공양이 끝났음을 알림	제위진백편 가지변공편:상단 가지변공편:중단 가지변공편:하단 공성회향편

| 봉송 | – 재가 끝났음을 알리고 모든 성중을 돌려보냄
– 금은전과 위목, 각종 예수용품을 태움 | 경신봉송편
화재수용편
봉송명부편
보신회향편 |

[표 8] 예수재의 절차와 내용

먼저 도입에 해당하는 단계이다. 예수재를 설행하게 된 연유를 밝히는 '의식보고儀式報告'와 모든 삿된 것을 물리치고 도량을 청정하게 하는 '도량정화道場淨化'를 행한 다음 법사 스님을 청해 법문을 듣는 절차가 차례로 이어진다.

본격적인 의식은 두 번째 단계인 '사자공양使者供養'부터 시작된다. 명부세계를 오가는 네 명의 사직사자四直使者를 모시고 공양을 올리는데, 이는 지장보살을 비롯해 시왕과 권속 등 명부세계의 존재들을 예수재에 강림하도록 요청하는 문서를 전달하기 위함이다.

세 번째 단계는 상단에 모실 부처님과 여러 성중을 청하여 관욕을 행한 뒤 증명단의 자리로 모시는 '상단 소청召請·관욕灌浴'이다.

네 번째 단계는 중단에 모실 명부세계의 존재들을 청하여 관욕을 행하고, 이들을 상단의 삼보전에 예를 갖춰 배례하게 한 다음 각자의 자리로 모시는 '중단 소청·관욕'이다.

이어 상단과 중단에 간단한 공양을 올린다.

다섯 번째 단계는 하단에 모실 존재들을 청하는 '하단 소청'이다. 이때 중단 앞에 진설해 놓은 금은전과 경전을 하단으로 이운한 다음에 청하며, 하단의 존재들을 상단과 중단에 차례로 배례케 한 후 각자의 자리로 모신다.

여섯 번째 단계는 상단·중단·하단에 순서대로 공양을 올리는 '가지공양加持供養'이다. 하단 공양까지 마무리되면 금은전 헌납을 증명하는 「함합소」를 독송함으로써 전생 빚을 모두 갚았음을 증명하게 된다.

마지막 일곱 번째 단계는 재가 끝났음을 알리고 모든 성중을 돌려보낸 뒤 금은전을 비롯한 각종 예수용품을 불태우는 '봉송奉送'으로 의식을 마무리한다.

예수재의 몇 가지 변화들

본래 예수재·수륙재·사십구재 등 명부세계나 사후의 존재들을 모시는 의례는 밤재로 치렀다. 그러나 밤재는 여러 가지로 부담이 크기에 낮재로 치르게 된 지 오래되었고, 밤에서 낮으로 바뀌면서 본래의 모습과 다소 달라졌다. 예수재의 경우 오전부터 재를 치르다 보니 예전에는 하지 않던 '괘불이운掛佛移運'이나 '영산작법靈山作法'을 행하기도 하면서, 점심공양을 마친 다음부터 본 의식에 해당하는 절차를 진행하는 경우가 많다.

의식절차가 바뀌거나 없어진 것도 있다. 전통 예수재에서는 의례의 특성상 상단과 중단을 모시기 전에 사직사자四直使者를 청하지만, 이 순서를 뒤로 돌리기도 한다. 상단과 중단의 존재를 모시기 전에 사직사자를 먼저 청하는 것은 위계에 맞지 않고 불경스럽다고 보기 때문일 것이다.

또 전통 예수재에서는 상단과 중단의 관욕灌浴을 하지만 지금은 생략하는 경우가 많다. 이는 현재 천도재에서 행하는 관욕이 주로 영가를 대상으로 생전의 업을 씻어 주는 데 초점이 맞추어져 있기 때문이다. 그러나 예수재뿐만 아니라 불교의례에서 상단과 중단에 관욕을 하는 것은 다음의 두 가지 이유에 따른 것으로 보인다.

하나는 현재 석가탄신일에 탄생불을 대상으로 욕불浴佛·관불灌佛을 행하는 것과 같은 이유이다. 석가모니가 탄생했을 때 아홉 마리의 용이 물을 뿜어 탄생불을 씻어 주었듯이 성스러운 존재를 맞는 정화의식인 것이다. 또 하나는 씻지 않아도 그 자체로 성스러운 몸이지만 구태여 관욕을 하는 것은 불보살의 강림을 가시화하여 중생의 근기에 맞추기 위한 방편이라는 점이다. 이러한 이유는 의식문에서도 잘 드러나 있다.

시대가 바뀌면서 의례 또한 달라지는 것은 당연하다. 불교의례뿐만 아니라 일상의 모든 의례는 시대의 변화를 적절히 수용하면서 새롭게 재편되어 가는 것이 일반적 현상이다. 종교의례는 일반 의례에 비해 변화의 흐름이 완만한 편이지만, 의례의 본질을 잃지 않으면서 시대의 흐름을 반영해야 하는 데는 예외일 수 없다.

이 책에서는 전통 예수재의 절차에 따라 다루었다. 의례가 지닌 의미와 격식이 엄격했을 조선시대에 예수재의 절차와 내용을 이러한 방식으로 구성한 데는 나름대로의 깊은 뜻이 있기 때문이다. 무엇보다 중요한 것은 변화와 무관하게 예수재의 기본 의미와 구조는 바뀌지 않고 전승되어 왔다는 데 있다.

도입단계 : 의식보고와 도량정화

—

도입단계에서는 본격적인 재를 시작하기에 앞서 예수재를 설행하게 된 까닭을 밝히고 도량을 정화하는 의식을 행한다.

먼저 '의식보고儀式報告'는 동참재자들이 신심과 정성, 공양물로 법의 자리를 베풀며 엎드려 참회하니, 크나큰 가르침과 가지력加持力을 내려 주실 것을 기원하는 내용으로 이루어져 있다. 간절한 참회로 마음을 닦겠다는 재자들의 다짐을 전하면서, 이전에 지은 업을 청정하게 씻어 주기를 바라는 예수재의 목적을 담은 것이라 하겠다. 이때 읊는 '정삼업진언淨三業眞言'·'계도도장진언戒度塗掌眞言'·'삼매야계진언三昧耶眞言'은 모두 삼업을 맑히고, 계를 지키며, 일심으로 정진하는 진언이다.

이어서 모든 삿된 것을 물리치고 도량을 청정하게 하는 '도량정화道場淨化'를 행한다. 여러 성현들을 모시고 성스러운 소통을 하려는 의식도량에 일체의 삿된 기운과 장애가 침범해서는 안 되기 때문이다.

이때 정화를 하는 주체로 관음보살을 청한다. "한 자루의 향을 피워 관음보살의 강림을 청하오니 원컨대 감로병의 감로수를 내리시어 열뇌의 불을 끄고 청량함을 얻게 하소서"라고 물을 비는 '걸수乞水'를 한 다음, "관음보살이 지니신 버들가지 감로수는 한 방울만 뿌려도 온갖 티끌을 능히 씻으시네. 세속의 온갖 오물을 말끔히 없애고 이 도량을 청정하게 해 주시네"라며 물을 뿌리는 '쇄수灑水'의 과정을 묘사하게 된다. '감로병'은 대자비의 관음보살이 늘 지니고 다니는 지물持物이다. 그 안에 담긴 '감로수'는 중생의 모든 고통을 없애 주는 법수法水이기에, 감로수를 뿌려 만물을 깨끗하게 해 주기를 기원하며 관음보살의 위신력을 구하는 것이다. 이윽고 관음보살의 덕으로 동서남북에 물을 뿌려 온 도량이 청정해지고 여법한 도량에 부처님과 모든 성중이 강림할 수 있게 되었음을 알린다. 이는 단이 열리고 성립되는 '개단開壇'과 '건단建壇', 도량이 성스러운 공간으로 변화되었다는 '결계結界'를 통해 이루어진다.

이 무렵에 법사 스님이 설법하는 순서를 두어 대중에게 예수재의 의미와 마음가짐 등에 대한 가르침을 전하게 된다.

다음으로 온 누리의 일체 성중과 대중을 위해 향공양香供養을 올린다. 위로는 시방세계 한량없는 삼보와 모든 성현에서부터 아래로는 삼계일체의 온갖 영혼에 이르기까지 모든 존재가 계향·정향·혜향·해탈향·해탈지견향으로 성불하기를 발원하게 된다. 본격적인 재를 시작하기에 앞서 중생의 서원을 담아 모든 존재를 축원하는 단계인 셈이다.

2단계 : 사자공양

—

'사자공양使者供養'의 단계부터 본격적인 의식이 시작된다. 특히 사자를 청해 공양을 올린 다음 돌려보내는 이 단계는 예수재의 성격과 의례목적을 뚜렷이 반영하고 있어 주목된다.

예수재는 다음 생을 복되게 맞이하기 위해 지금까지 과거와 현세에 지은 업을 참회하면서 명부세계의 심판자를 청해 업을 깨끗이 하는 의식이다. 상단은 증명단의 역할을 하고, 본격적인 의례 대상은 지장보살과 시왕을 비롯한 명부세계의 권속인 점도 이 때문이다. 따라서 현세의 존재들이 이들과 소통하고 예수재에 강림하도록 청하기 위해서는 이승과 저승을 오가는 사자의 역할이 필수적이라 보는 것이다. 이에 명부세계의 성중을 모시는 초청장과 문서를 정식으로 전달함으로써 이들의 강림이 가능하게 된다. 사자공양은 사자를 청하기, 공양 올리기, 돌려보내기의 세 단계로 구분되어 있다.

첫째, 사자를 청하는 '소청사자召請使者'이다. 이때 모시는 사자는 태어난 연월일시를 각각 다스리는 연직年直·월직月直·일직日直·시직時直의 '사직사자四直使者'이다. 이들 사자를 청하면서 읊는 「사자소使者疏」의 내용을 보면 예수재에서 다른 성중보다 사자를 먼저 모시는 이유가 잘 드러나 있다.

그렇거늘 어찌항차 범부들의 생각으로
성스러운 부처님뜻 그어떻게 계합하며
또한다시 부질없는 세속적인 몸으로써
까마득한 저승세계 과연어찌 할것인가

성자들과 현자들을 청하고자 하는이는
모름지기 사자힘을 빌려야만 할것이라
그러므로 부처님의 자비하신 가호속에
무탈하게 거주하는 대소설판 재자들이

이생에선 복과수명 더욱더욱 늘이옵고
다음생엔 미타정찰 왕생하기 원이오매
명부세계 시왕전에 살아생전 칠칠재를
여법하고 정성스레 닦아가려 하나이다

(…)

명부세계 문서들고 질풍처럼 다니시되
천둥처럼 오셨다가 번개처럼 가시도다
풍겨오는 모습이여 너무나도 당당하고
거룩하신 그힘이여 헤아리기 어려워라

받은명을 행하심에 때를넘지 않으시고
사사로움 없는바램 너무나도 깔끔해라
다만오직 바라오니 지극한덕 부찰이여
신묘자비 바라오니 광명으로 내리소서
동봉정휴 스님, 2003, 19~20쪽

이처럼 명부세계의 성현들을 청하기 위해 사자의 힘을 빌려야 함을 알리고, 복된 현생과 내생을 원해 살아생전에 지성으로 닦아 가고자 칠칠재를 열게 되었음을 밝힌다. 아울러 온갖 공양물을 차려 놓고 사직사자를 간절히 청하면서 이들 사자의 모습과 행동을 칭송하는 내용이 나온다. 문서를 들고 명부세계를 오가는 모습은 마치 질풍처럼, 천둥·번개처럼 신속하고 당당하여 거룩하기 그지없고, 명을 받으면 때를 넘기거나 사사로움 없이 깔끔하게 일을 처리한다고 묘사함으로써 사직사자야말로 관리의 최고 덕목을 지닌 셈이다.

이어지는 「유치由致」에서 다시 한 번 사직사자를 청하는 이유를 읊을 때도 저승문에서 염라대왕의 손에 문서를 넘겨 인간세상의 첩사捷使로서 할 일을 다 함에 있어 추호도 어긋남 없이 공평무사해 나무랄 데 없음을 거듭 칭송하게 된다.

둘째, 사자에게 공양을 올리는 '안위공양安位供養'이다. 도량에 내려온 사자에게 자리를 마련해 주며 차를 대접한 다음, 향공양에서부터 미공양米供養에 이르기까지 향·등·꽃·차·과실·쌀[향등화다과미香燈花茶果米]의 육법공양을 올린다.

이어 법주 스님이 「행첩소行牒疏」를 염송한다. 「사자소」가 사자에게 전달하는 글인 데 비해, 「행첩소」는 시왕을 비롯한 명부세계의 성중에게 보내는 것이어서 일종의 초청장과 같은 성격을 지녔다. 내용을 보면, 다시 한 번 예수재를 열게 된 경위를 말한 뒤 모시고자 하는 모든 존재들을 일일이 거론하며 법의 자리[법연法筵]에 와 주실 것을 청하고 있다. 흥미로운 것은 상단과 중단의 명호를 차례대로 빠짐없이 나열한 다음, 하단의 저승관리들을 가장 많은 분량을 할애하여 거론하고 있다는 점이다. 문서를 다루는 관리들, 판관들, 귀왕들, 선악의 2부 관리들, 감재사자監齋使者·직재사자直符使者·사직사자, 소머리의 우두아방牛頭阿旁, 졸병들과 평범한 관리들, 이름과 직위를 알 수 없고 헤아릴 수 없는 일체권속 들을 모두 간절하게 청하며 「행첩소」를 올린다.

「행첩소」는 "사바세계 남섬부주 해동대한"으로 시작하여 예수재가 열리는 사찰의 주소를 번지까지 밝힌다. 아울러 맨 뒤에는 불기佛紀와 월일月日을 적는데 초청장에 반드시 들어가야 하는 장소와 날짜가 명시된 셈이다. 시간은 「행첩소」의 내용 가운데 등장하는데, '자시子時 23:00~01:00가 되기 전에' 오실 것을 적는다. 따라서 전통 예수재는 밤에 지냈음을 알 수 있다. 유교 제사도 그러하듯 예수재에 모시는 이들은 초월적 존재일뿐더러 명부계의 존재를 청하기 때문에 자정이 넘긴 시각부터 본격적인 의식이 진행되었던 것이다. 그러나 유교 제사도 저녁에 지내는 이들이 많듯이 편의에 따라 시간을 앞당기는 것이 관례가 되었다.

셋째, 사자를 명부세계로 돌려보내는 '봉송사자奉送使者'이다. 이제 사직사자는 설판재자들로부터 받은 「행첩소」를 명부세계에 가져가서 어김없이 전달함으로써 임무가 끝나는 셈이다. 그런데 이 단계에서 다시 한 번 명부성중이 도량에 강림하기를 발원하는 문서로 「청장請狀」과 「물장物狀」이 등장한다. 법주가 사자를 떠나보내면서 이들 문서를 염송하는 것이다. 「청장」과 「물장」의 내용은 「사자소」나 「행첩소」와 비

숫하지만, 두 문서와는 달리 중요한 뜻이 담겨 있다.

　우선 「청장」과 「물장」으로 구분한 것은, 「청장」이 「행첩소」
와 거의 유사하게 명부성중을 초청하는 내용을 담고 있다
면, 「물장」은 성중께 올리고자 마련한 공양물의 물목物目을
제시하는 데 더 큰 목적이 있는 듯하기 때문이다. ‘物狀’이
라는 명칭에서도 드러나듯이 차와 과일, 메와 떡, 금전과 은
전 등 청정한 공양물을 마련했음을 밝히면서 법회에 강림
하여 정성스런 공양을 받을 것을 청하는 내용이 나온다.

　더 중요한 것은 「청장」과 「물장」에서 명부성중에게 기원
하는 목적을 구분하고 있다는 점이다. 「사자소」·「행첩소」·
「청장」에는 모두 앞부분에 “현증복수現增福壽 당생정찰지원當
生淨刹之願”이라는 구절이 빠짐없이 등장한다. 설판재자들이
예수재를 열면서 발원하는 가장 중요한 목적이기 때문이다.
곧 현세에서는 복과 수명을 늘이고, 내세에서는 정토에 나게
해 달라는 것이다. 앞 구절의 ‘정찰淨刹’이란 곧 ‘정토淨土’를
뜻한다. 그런데 「청장」에서는 이 구절의 앞에 “특위기신特爲
己身”이라는 말을 덧붙인다. 예수재는 살아 있는 이들의 공덕
쌓기임을 잘 알고 있건만 「사자소」·「행첩소」와 달리 ‘특히 우
리 자신을 위해서’라는 말을 구태여 언급한 이유는 무엇일까.

　이는 「물장」과 구분하기 위함이다. 「물장」에서는 “현증복

예수재 의식(보문사)

수 당생정찰지원"이라는 구절 대신 "왕생정찰지원往生淨刹之願"이라 쓰고 그 앞에 "특위모군모씨영가特爲某郡某氏靈駕"라는 말을 덧붙인다. 내용을 이어 보면, 특히 어느 곳 어느 영가의 극락왕생을 발원하기 위함이라는 뜻이다. 예수재의 목적은 산 자들뿐만 아니라 영가들을 위한 것이기도 함을 분명히 밝히고 있는 것이다. 이를 명부세계를 향해 고하는 「청장」과 「물장」의 두 문서에 구분하여 적시함으로써 산 자와 죽은 자 모두를 위한 가피를 기원하게 된다.

봉송사자를 마치면 사자의 위패를 태우게 되는데, 소疏와 장狀은 모두 문서이기 때문에 이때 「사자소」·「행첩소」·「청장」·「물장」도 함께 태운다.9 모든 의례에서 불에 태우는 것은 초월적 세계로 돌려보내는 방법이기도 하다. 사자의 위패나 초청장 등을 미리 태움으로써 초청한 사자가 온전히 명부세계로 돌아가고 초청장도 하늘로 전달된다고 보기 때문이다.

3단계 : 상단 소청·관욕

—

상단에 모실 부처님과 여러 성중을 청하여 관욕을 행한

뒤 증명단의 자리로 모시는 단계이다. 먼저 비로자나불·노사나불·석가모니불의 삼신불을 위시하여, 지장보살과 육광보살, 육대천조, 도명존자·무독귀왕, 대범천왕·제석천왕·사대천왕을 차례로 청한 다음 예수재의 원만한 설행을 증명해 주시기를 발원한다. 이어서 부처님을 예수도량에 모신 연유를 다시 한 번 밝히고, 불보살과 성중 각각의 위대함과 중생을 위해 베푸는 덕을 찬탄하는 내용이 이어진다.

다음에는 상단의 존재들을 씻어 주는 '관욕灌浴의식'을 행한다. 불보살 등에게 관욕을 하는 것은 석가모니가 룸비니동산에서 갓 태어났을 때 천상에서 아홉 마리의 용이 입으로 물을 내뿜어 탄생불을 씻어 주었다는 데서 유래하였다. 탄생불의 몸을 씻겨 주는 '욕불浴佛'이 석가탄신일의 중요한 의식으로 자리 잡은 것처럼 성스러운 정화의식을 재현하는 것이라 할 수 있다.

이에 관욕실로 들어가는 「입실게入室偈」에서 "룸비니동산에서 이 세상에 오실 때 금색묘신으로 추함이 없었으나 중생을 이익 되도록 하기 위해 냇가로 가셨으니 이제 관불로써 중생을 구제함이 또한 마땅하리라"고 탄생 시의 모습을 묘사한다. 관욕이 진행될 때 읊는 「찬탄관욕讚歎灌浴」에서도 "이미 그 몸이 청정하거늘 목욕을 할 것이 없으나 범부들을 위한 방편으로 욕실에 드십시오”라고 한다. 부처님의 경지는 일체 상相을 떠났지만 방편으로 상을 두듯이, 관욕을 하는 이유 또한 부처님이 도량에 강림하였음을 가시화하기 위해 중생의 근기에 맞추는 것임을 밝힌 것이다.

상단의 관욕실은 다섯 구역으로 구분해서 마련한다. 관욕은 위패를 옮겨 가서 행하는 것이기에 삼신불, 육광보살, 육대천조, 도명·무독, 제석사왕梵釋四王으로 다섯 신위를 구분하여 위패를 모시게 한 것이다. 이때 지장보살은 육광보살에 포함된다. 아울러 유나維那는 삼신불패를, 찰중察衆은 육광패를, 기사記事는 천조패, 입승立繩은 도명무독패, 종두鍾頭는 범석사왕패를 모시고 관욕실로 들어간다. 이는 스님의 소임에 따라 위패를 달리 모시도록 한 것으로 상단 신위의 위상에 구분을 두기 위함이다.

관욕을 마치면 위패를 상단으로 모시면서 상단의 불보살과 성중은 본격적으로 도량에 강림하여 증명단에 자리하게 된다. 예수재의 원만한 설행을 발원하면서 차공양을 올린 다음 모든 대중이 증명단에 자리한 불보살에게 배례하는 ‘보례삼보普禮三寶’의식을 행함으로써 상단 의례를 마친다.

4단계 : 중단 소청·관욕

중단에 모실 명부세계의 존재들을 청하여 관욕을 행한 뒤 각자의 자리로 모시는 단계이다. 모든 의식은 시작할 때 귀의처로 삼고자 하는 불보살 등의 명호를 부르는 거불을 하게 되는데, 예수재의 중단 거불에서는 명부세계의 교주인 지장보살과 도명존자·무독귀왕을 부른다.

이어 풍도대제와 시왕을 위시하여 판관, 귀왕, 장군, 아방, 동자, 졸리, 이름도 지위도 알 수 없는 일체 모든 명부대중의 명호를 일일이 불러 모신다. 이어서 중단 성중들을 도량에 청한 연유를 밝히고, 이들 각각의 대상을 찬탄하는 내용이 길게 이어진다.

다음에는 중단의 존재들을 위한 관욕의식을 행한다. 중단의 관욕실은 위상에 따라 여섯 구역으로 만들어 위패를 모시는데 풍도, 시왕, 판관·장군, 귀왕, 동자·사자, 부지명으로 구분하게 된다. 그런데 관욕을 하는 설행목적이 상단과 다소 다르다. 상단 관욕이 중생들에게 불보살의 존재를 믿고 의지할 수 있도록 하는 데 있다면, 중단 관욕은 명부를 관장하는 어려움에도 불구하고 참석대중을 위해 강림하신 성중을 환영하고, 그들의 근심을 위로하는 뜻이 담겨 있다.[10]

예수재 의식(조계사, ⓒ 미디어 조계사)

이러한 내용은 다음의 「입실게」에서도 잘 드러난다.

고요한방 밝은등불 밤은이미 이슥한데

맑고맑은 그마음에 서향연기 어리어라

천지간을 오고가는 한량없는 신중이여

이욕실에 나오시어 근심의때 벗기소서

동봉정휴 스님, 2003, 74쪽

관욕을 마치면 중단의 성중을 향해 예수재를 증명하기 위
해 삼보께서 강림해 계신 것을 알리고, 상단에 예를 갖춰

인사 올릴 것을 발원하게 된다. 중단의 성중 또한 성스럽고 위대한 존재이지만 아직은 깨달음을 이루지 못하여 삼보에 귀의하는 위치에 있기 때문이다. 이에 대중이 부처님 전으로 길을 인도할 테니 "향기로운 욕실에서 정단淨壇으로 나오시어 지심 합장하고 조심스레 걸으셔서 부처님을 뵈올 것"을 권한다. 중단의 성중은 증명단인 불보살에게 배례한 다음 각자의 자리로 모셔지게 된다. 이후 상단과 중단에 간단한 공양을 올리는 절차가 따른다.

5단계 : 하단 소청

—

하단의 존재들을 청해 모시는 단계이다. 의식이 시작되면 먼저 불보·법보·승보의 삼보에 귀의하는 거불을 행한다. 이어서 하단의 성중을 모시기 전에 중단 앞에 진설해 놓았던 금은전과 경전이 든 경함을 하단의 고사단庫司壇 앞으로 옮기는 의식을 행한다.

이운을 마치면 하단의 존재들을 모두 청한 뒤 모신 연유를 밝히고, 이들의 덕을 찬탄하는 내용이 이어진다.

하단에서는 관욕을 행하지 않는다. 이들은 예수재의 부

속단에 모셔져 명부창고의 관리를 맡고 이승과 저승을 오가는 연락 담당의 존재들로 인간의 일에 직접 관여하여 화복禍福을 내리는 존재가 아니기 때문이다.11 따라서 공양을 올리며 지극히 감사하되 성스러운 존재를 대상으로 행하는 관욕은 하지 않는다.

다음에는 하단의 존재들이 상단과 중단에 차례로 배례한다. 먼저 상단의 부처님과 각 단에 배례하고, 중단에 차례대로 배례한다. 이러한 의식을 삼보에 배례를 올린다는 뜻에서 '보례삼보普禮三寶'라 하지만 실제로는 삼보뿐만 아니라 중단의 성왕까지 두루 포함하게 된다.

먼저 삼보께 배례할 때 삼보는 만나기가 어려우니 모두 함께 부처님과 가르침과 스님들께 예를 올리자는 내용이 나온다. 이어서 중단의 풍도대제와 시왕부군, 판관귀왕에게 예를 올린 뒤 각자의 자리에 모시고 차공양을 올린다.

6단계 : 가지공양

—

상단·중단·하단에 순서대로 공양을 올리는 '가지공양加持供養'이다. 공양을 올리기 전에 먼저 상·중·하단의 모든 존재들에게 "세속의 풍습대로 고귀한 자리를 배열했으나 서열이나 신분이나 지위에 어긋남이 없었는지 염려되옵니다"라고 말하며 혹시 예의에 어긋남이 있었다면 아량을 베풀어 주실 것을 간청한 점이 주목된다. 예수재의 신위는 아홉 단계로 구분되고, 각 단계마다 중앙과 좌·우로 위격을 달리하는 존재들을 모신다고 한 바 있다. 이들을 순서대로 모시고 또 상하관계에 따라 예를 표하게 하였듯이, 예수재에서 가장 중요하게 여기는 일 가운데 하나가 위계를 구분하여 어김없이 모시는 일임을 알 수 있다.

본격적인 공양이 시작되면 상단의 존재들을 먼저 청하여 공양을 올리고, 이어 중단 공양을 올린 다음 '화청和淸'을 한다. 화청은 우리말 가사와 곡조로 되어 흔히 〈회심곡回心曲〉으로 널리 불리는 불교가사이다. 현행 예수재에서는 화청 내용에 대부분 망자를 위로하는 내용을 담고 있으나, 전통 예수재에서는 모두 명부시왕의 각 명호를 칭송하고 찬탄하는 내용으로 구성12되어 있다. 하단 공양을 할 때 마구단은 운마와 낙타를 모신 곳이므로 말 열 필을 그려 붙이고 콩죽을 올린다.

하단 공양을 올리고 나면 법주 스님이 금은전과 경전 헌납을 증명하는 「함합소」를 독송한다. 이 문서는 예수재를

봉행함으로써 전생 빚을 모두 갚았음을 인정하는 영수증이
자 증명서에 해당한다. 「함합소」의 내용 일부를 살펴보자.

예수재 「함합소」

이제여기 정성스레 예수재를 닦는재자

띠에따라 해당하는 고관전에 사관전에

사람으로 태어날때 빚으로써 물려받은

저승세계 통용되는 명간지폐 몇관이며

수생경과 금강경등 해당되는 권수들을

본명원신 본명성관 성총전에 올리옵고

본고전에 납부한뒤 사람몸을 받았으나

빈부귀천 고와낙을 모두모두 겪으면서

주어진바 모든것을 수용하였 사옵니다
이제여기 모자라는 명부지폐 몇관이며
금강경과 수생경등 빚진수량 그모두를
수에맞춰 준비하여 모두환납 하옵나니

자비로운 고관들과 지혜로운 사관들은
너그러운 마음으로 저희충정 받으소서
동봉정휴 스님, 2003, 110~111쪽

자신이 태어날 때 육십갑자에 따라 명부화폐와 경전을 빚내어 명부창고에 납부하고 사람의 몸을 받았으며, 이제 그 빚을 준비하여 모두 환납하니 너그럽게 받아달라는 내용을 적고 있다. 또한 태어난 바에 따라 살아오는 과정 속에서 빈부귀천과 희로애락을 모두 겪으며, 주어진 대로 받아들이며 살아왔음을 아울러 밝혔다. 따라서 '모자라는(소흠所欠)' 명부지폐와 경전을 갚는다는 표현으로 보아 주어진 대로 묵묵히 살아온 것으로 어느 정도의 빚을 갚아 나가는 뜻도 있음을 알게 한다.

모든 동참재자들은 사전에 이름과 주소는 물론, 자신의 십이생상속에 따라 금액과 경전 수를 적은 각자의 「함합소」를 받아 지니게 된다. 이때 「함합소」를 반으로 찢어 한 조각은 간직하고, 한 조각은 봉송 때 금은전·경전 등과 함께 불사른다. 자신이 간직한 절반의 「함합소」는 나중에 명부세계에 갔을 때 그곳에 있는 불태워진 조각과 맞추어 보아 맞으면 그 공덕을 인정받아 왕생하게 된다는 것이다.

7단계 : 봉송

—

재가 끝났음을 알리면서 각 단의 위목이나 위패를 차례로 모신 후 법당의 뜰로 모인다. 봉송의 순서는 상상단인 삼불을 제외하고, 위격에 따라 상위에서 하위로 차례대로 내려온다. 먼저 지장보살·육광보살의 위패를 태우고, 도명존자·무독귀왕, 육대천조, 범석사왕, 국왕·용신, 풍도대제, 시왕, 판관·귀왕, 고관·사군, 장군·동자, 사자와 모든 권속의 위패를 각각 태워 봉송한다.

다음에는 명부세계로 보낼 금은전과 경전을 태우고, 이어 각 단에 올렸던 공양물을 태우며, 마지막으로 예수재를 증

명하기 위해 모셨던 삼불의 위패와 번을 태운다. 이처럼 상
상단의 부처님은 예수재가 모두 원만히 회향하는 마지막 순
간까지 지켜보면서 증명을 마치고 떠나게 된다.

각 단에 올렸던 공양물을 태우면서 염송하는 내용 중에
"모든 시왕은 본 자리로 돌아가고, 판관·시종들도 제 위치
로 돌아가고, 동자들 조심스레 차례대로 걸어가고, 사자들
계속하여 행차하여 도달하네. 명부성중 봉송하고 예배하는
사이에 저승화폐는 모두 불타 바람마저 잔잔하니, 복을 쌓
고 액 없애어 그 목숨은 바다 같고 번뇌의 타는 불꽃 길이
길이 벗어났구나"라는 구절이 나온다. 축제가 끝나고 초대했
던 손님들이 뿔뿔이 흩어지는 모습이다. 이와 함께 금은전
은 재만 남긴 채 모두 불타 명부세계에 무사히 전해졌으니,
복과 수명을 쌓고 번뇌에서 벗어나게 되었음을 축하하는 것
이다.

"두루 원하옵니다. 고해苦海의 일체중생이 모든 괴로움을
다 없애고 청량淸凉함을 얻게 하옵소서. 모두 위없는 보리심
을 내어 탐착의 강을 벗어나 깨달음의 언덕에 올라지이다."

예수재의 마지막은 이러한 「회향게回向偈」를 염송함으로써
원만하게 회향된다.

4장
삼사순례

  '순례巡禮'는 종교적 목적으로 이루어지는 여행을 뜻하는 말로 종교의 발상지나 성자의 탄생지, 해당 종교에서 신성시하는 장소를 찾아다니며 참배하고 기도하는 행위를 일컫는다. 길을 떠나 다니되[巡] 스스로를 구속하는 예[禮]가 따르기에 '순회'나 '여행'이라 하지 않고 '순례'라 일컫는 것이다. 따라서 성스러운 특정 장소를 찾아다니기에 순례는 곧 '성지순례聖地巡禮'와 동일한 의미라 할 수 있다.

  대부분의 종교에서 신자들은 성지순례를 통해 신성함을 체험하고, 소망하는 바를 희구하며, 스스로의 신앙심을 다지는 계기로 삼는다. 불교에서는 부처님의 탄생과 출가, 성도, 열반이 이루어진 인도 유적지를 최상의 성지순례 대상으로 꼽고 있어 불자라면 누구나 4대성지에 대한 순례를 꿈꾸게 된다. 마찬가지로 기독교·이슬람교의 최대 성지인 예루살렘 순례에 대한 그들의 열망 또한 높다.

순례는 종교적 신념에 따라 이루어지는 일종의 수행이고, 신행이다. 동일한 장소를 찾아가는 행위라 하더라도 순례자에게는 단순한 여행이 아니라 구도의 길이 된다. 순례자들은 순례지에서 성스러운 대상을 향해 배례하고 기도한다. 또한 순례를 떠나기 전부터 돌아오기까지 전 과정에서 일종의 재계齋戒 속에 심신과 일상을 분리시킨다. 신앙심이 깊은 이들에게 순례는 속계에서 성聖의 세계로 들어가는 것이기에 속계의 자신을 내려놓고 일시적 출가수행자로 걸음을 내딛는 것이다.

불교의 경우 석가모니의 행적이 닿았던 4대성지 순례가 유적지 중심의 순례라면, 국내에서 이루어지는 성지순례는 주로 사찰이 대상이 된다. 불자라면 누구나 재적사찰이 있지만 순례의 대상은 일상의 사찰이 아니라는 사실이 중요하다. 순례란 속俗에서 성聖으로 들어서는 것만이 아니라, 일상에서 벗어나 비일상에 들어서는 의미 또한 중요하기 때문이다.

자신이 늘 다니던 사찰은 일상의 연장선상에 있다. 그러나 자신이 속한 세계의 바깥에 있는 사찰은 일상에 포함되지 않는다. 모든 사찰이 성지이지만 순례란 일종의 종교여행이기에, 일상과 분리되어 새로운 성스러움과 대면한다는 의미가 중요한 셈이다.

특히 사찰순례는 특정 성지로 세트화되어 있는 곳을 묶어서 다녀오는 경우가 많다. 이를테면 대표적 성지로 3대 적멸보궁寂滅寶宮, 3대 관음성지觀音聖地, 삼보사찰三寶寺刹, 지장성지地藏聖地, 나한성지羅漢聖地, 약사성지藥師聖地 등을 들 수 있을 것이다.[13] 이들 성지는 모두 유사한 성격을 지닌 몇 개의 대표 사찰로 구성되어 함께 거론되는 곳이다. 부처님의 진신사리를 모신 곳이거나, 불법승 삼보를 대표하는 사찰, 특정 신앙과 관련하여 영험한 곳으로 이름난 사찰 등을 묶은 것이다. 따라서 순례를 하는 이들은 자신의 기도와 관련된 곳을 찾아가게 된다.

이처럼 특정 주제를 지닌 사찰을 순례하는가 하면, 특정한 시기에 집중적으로 사찰순례가 이루어지기도 한다. 대표적인 경우가 윤달의 '삼사순례三寺巡禮'로, 윤달이 들었을 때 세 곳의 사찰을 다니며 기도하는 풍습이 전승되고 있다.

사찰순례는 정해진 규범을 갖추고 있지 않다. 따라서 구도求道의 방편에서부터 여가활동의 일환에 이르기까지 다양한 양상으로 자유롭게 이루어지게 마련이다. 그러나 순례자는 불보살을 향한 귀의와 기원의 자세로 사찰을 찾은 것이

어서 스스로 순례행위를 주도하는 가운데 다양한 신행행위
로 삼보에 배례하게 된다.

동아시아불교의 순례역사

—

동아시아불교는 구법求法을 위한 험난하고 기나긴 순례의 대장정에서 시작되어 꽃을 피웠다. 중국의 법현法顯·현장玄奘 스님과 신라의 아리나阿離那·혜초慧超 스님이 불교의 발상지를 찾아 이역만리 서역 길에 올랐는가 하면, 중국불교를 향한 고대 한국과 일본 승려들의 순례행렬이 끝없이 이어졌다.

고대 동아시아 불교순례는 부처님의 삶과 가르침을 직접 접할 수 있는 인도와 서역西域이 주요 대상지였다. 중국의 구법승들은 불교를 받아들인 이른 시기부터 부처님의 흔적을 찾아 불적佛跡순례의 길을 떠났다. 동진東晉의 법현 스님은 399년에 장안을 떠나 히말라야를 넘어 인도의 북부로 들어갔다. 부처님의 생애를 온전히 체험한 스님이 인도 중부와

스리랑카의 성지를 순례하고 바닷길로 귀국한 시기는 413년이었고, 15년에 걸친 긴 순례 길의 견문을 『불국기佛國記』로 남기기에 이른다.

당나라의 현장 스님은 구법순례의 한 획을 그은 분이라 할 수 있다. 『서유기西遊記』에 등장하는 삼장법사三藏法師의 모델로 널리 알려진 현장 스님은 629년부터 644년까지 1백여 국이 넘는 인도와 서역 여러 나라를 직접 순례하고, 그 여행기를 토대로 열두 권의 『대당서역기大唐西域記』를 탄생시켰다. 이 책은 순례여행기의 백미로 꼽히면서 동방의 승려들에게 미지의 땅인 서역을 꿈꾸게 했고, 인도 순례를 향한 수많은 도전의 원천이 되기에 이른다.

그의 순례 길은 수차례의 죽을 고비를 넘기는 험난한 여정이었다. 이러한 고난을 극복한 구도정신 위에 탄생한 작품이기에 『대당서역기』의 위대함은 더욱 부각되는 것이다. 현장 스님의 사후에 발간된 전기傳記에는 중앙아시아의 사막을 지날 때 그가 겪은 고초가 다음과 같이 적혀 있다.

막하연莫賀延이라는 사막에 도착했는데 길이가 8백여 리(약 360km)이며, 옛날에는 모래 강, 즉 사하沙河라고 불렀다. 위에는 날아다니는 새도 없고 아래는 달리는 짐승도 보이지 않으며 물과 풀도 전혀 없었다. 이때는 나의 그림자만을 바라보며 오직 관음보살과 『반야심경』을 외웠다.

(…) 4백여 리를 가다가 길을 잃어 야마천野馬泉을 찾았지만 찾을 수 없었다. 부대의 물을 따라 마시려고 했는데 그것이 무거워서 손을 놓쳐 엎어지고 말았으니, 천리 길에 필요한 것이 일순간에 텅 비어 버리고 말았다. 어디로 가야 할지를 몰라서 동쪽으로 발길을 돌려 제4봉第四烽으로 가려고 십여 리를 갔다. 그러다가 이런 생각이 들었다. "천축에 이르지 않으면 동쪽으로는 한 걸음도 되돌아가지 않겠다고 발원發願했었는데 지금 어찌하여 돌아가는가? 차라리 서쪽으로 가다가 죽을지언정 어찌 동쪽으로 돌아가 살겠는가!" 이에 고삐를 돌려 관음보살을 되뇌며 서북으로 전진했다.[14]

이들 외에도 인도로 구법순례를 떠난 승려들은 무수히 많았다. 근세 중국 학자인 양계초梁啓超에 따르면 4세기부터 8세기까지 인도에 다녀온 승려 가운데 이름이 전하는 이들만 해도 169명에 달한다고 한다.[15] 이를 뒷받침하는 자료로 7세기 인도에 머물며 수행하던 당나라의 의정義淨 스님은 귀국하는 길에 구법순례승에 대한 기록을 책으로 남겼다. 『대당서역구법고승전大唐西域求法高僧傳』이라는 이 책에는 640년대부터 690년대 사이에 당唐에서 인도로 순례 길을 떠난 승려 57명의 행적이 쓰여 있다. 그런데 이들 가운데 당을 거쳐 인도를 순례했던 신라의 승려 8명이 포함되어 있어 한국 승려들의 인도 순례 행적을 파악하는 데 중요한 자료가 되고 있다. 신라 승려에 대해 기록한 『대당서역구법고승전』의 내용은 『삼국유사三國遺事』에 실려 있다.

이러한 기록처럼 우리의 불적순례 또한 이른 시기부터 이루어졌다. 고대 한국에서는 불교의 발상지인 인도뿐만 아니라 인도불교를 새롭게 변화·발전시킨 중국 또한 주요한 순례 대상지였다. 그뿐만 아니라 삼국과 통일신라에 꽃피었던 우리의 불교 또한 일본 등에서 수행승들이 순례지로 삼았던 중요한 이유였다.

우리나라에서 초기 불적순례자로 꼽히는 분은 신라의 아리나阿離那 스님이다. 의정 스님의 『대당서역구법고승전』에는 신라의 아리나 스님이 정관연간貞觀年間 627~649에 장안을 떠나 5천축을 순례했다는 기록이 나온다. 당시는 인도를 '천축天竺'이라 불렀고, 인도를 편의상 동·서·남·북·중앙의 다섯으로 나누었기에 '5천축'이란 곧 인도 전역을 뜻하는 말이다. 아리나 스님은 본래 불법을 구하고자 중국에 갔는데, 부처님의 자취를 두루 찾아볼 용맹심이 생겨 마음이 더해

순례 길을 떠났다고 한다.[16] 현장 스님이 서역순례를 마치고 돌아온 해가 644년이었던 점을 보면 이들의 순례에 크게 고무되었던 듯하다. 당시 현장 스님이 이끄는 장안의 불교는 새로운 흐름에 휩싸였고, 신라의 원효元曉·의상義湘 스님이 그의 문하에 들고자 입당유학을 시도했던 것도 바로 650년 무렵의 일이었다.[17]

그런데 인도로 간 아리나 스님은 신라로 돌아오지 못하고 그곳에서 생을 마쳤다. 그는 중인도 마갈타국 왕사성王舍城의 나란타사那蘭陀寺에 머물면서 율장律藏과 논장論藏을 열람하고, 나뭇잎 종이인 패엽貝葉에 이를 끝없이 베껴 썼다. 귀한 초전법륜初傳法輪을 고국으로 옮겨 오기 위함이었다. 그는 고국에 돌아오고 싶은 마음이 간절했으나, 신라불교를 크게 일으키고자 하는 꿈을 이루지 못한 채 인도에서 수십 년간 머물다 70여 세에 나란타사에서 입적하였다. 이 절은 현장 스님이 머물던 사찰이기도 하여 신라와 당나라, 그리고 인도로 이어진 당시 구법순례의 면면한 흐름을 짐작케 한다.

『대당서역구법고승전』에는 아리나 스님의 뒤를 이어 혜업惠業·현태玄泰·구본求本·현각玄恪·혜륜惠輪·현유玄遊 등과 또 이름을 알 수 없는 두 법사가 있었다고 기록하였다. 이들 신라의 구법순례자들에 대한 내용을 보자.

(…) 모두 자신을 잊은 채 불법을 따라 부처님의 교화를 보기 위해 중천축中天竺에 갔지만, 중도에서 죽기도 하고 혹은 살아남아 그곳 절에 머무는 이도 있었다. 그러나 끝끝내 다시 신라와 당나라에 돌아오지 못했고, 그 가운데 오직 현태 법사玄泰法師만이 당나라에 돌아왔으나 어디서 죽었는지 알 수가 없다.

천축은 하늘 끝이라 만산은 첩첩이 이어졌는데
애달픈 순례자들이여, 힘을 다해 오르고 또 오르네
몇 번이나 저 달은 외로운 배를 떠나보냈는지
한 사람도 구름 따라 돌아오는 이 보지 못했네
『삼국유사』 권4, 의해義解 제5, 「귀축제사歸竺諸師」

7세기 전후의 여건을 생각해보면 이역만리 순례 길은 떠나기도 힘들지만, 타국생활에 지친 심신을 이끌고 무사히 돌아오기란 더욱 힘들었을 것이다. 이러한 역경을 알면서도 구도의 일념으로 떠나서 걷고 또 걸었던 그들의 순례는 죽음을 무릅쓴 것이었다. 아리나 스님을 비롯한 이들은 우리에게 잘 알려진 혜초 스님보다 한 세기 앞서 인도를 순례한 스님들이었다. 그러나 돌아오지 못하였고, 기록을 남기지 않은 채 입적하여 역사 속에 잊혀져 간 순례자들이다.

8세기의 신라 혜초^{慧超} 스님은 우리나라 구법순례승의 대표격으로 꼽히는 분이다. 그는 부처님의 정법을 배우려는 원을 안고 723년에 당나라를 거쳐 인도 순례 길에 올랐다. 만 4년에 걸쳐 5천축의 인도 전역을 순례한 다음, 서쪽으로 대식국^{大食國}의 페르시아와 중앙아시아 일대 등 여러 나라를 거쳤고, 10여 년 만에 파미르고원을 넘어 중국 장안으로 돌아왔다. 이러한 그의 순례행적은 『왕오천축국전^{往伍天竺國傳}』으로 널리 알려져 있다.

그런가 하면 당시 우리나라 스님들의 본격적인 구법순례 행렬은 중국불교를 향해 이어졌다. 신라의 자장^{慈藏} 스님은 636년 제자들과 함께 당나라로 건너가 중국불교의 3대 영장^{靈場}의 하나인 오대산 청량사^{淸凉寺}를 순례하기도 하였다. 당시 당나라로 유학의 길을 떠난 이들을 '견당유학생^{遺唐留學生}'이라 불렀는데, 이러한 스님들의 경우 또한 중국불교를 알기 위한 순례의 길이었던 셈이다. 중국불교가 인도와 서역으로부터 불교를 배우고 익혀 완성된 것이라면, 한국불교 또한 신라에서 시작된 구법의 전통이 면면히 이어져 조선시대까지 수많은 구법승들이 진리를 찾아 길을 떠났던 것이다.

한편 일본의 원인圓仁 스님도 견당 행보를 통해 구법수행자로서 배움의 자세를 보여준 바 있다. 원인 스님은 838년 단기체류로 당나라에 건너가 우여곡절을 겪으며 10여 년간 오대산 성지 등을 순례하였다. 당 무종武宗의 강력한 불교탄압으로 환속을 당하는가 하면, 돛대가 부러지고 일행이 죽어 나가는 뱃길의 고행과 천재·병마 속에서 보낸 나날이었다. 그러나 당나라에 머물던 10년 남짓 동안 회창폐불會昌廢佛의 시대를 제외하고 자신이 보고 느낀 것을 매일매일 빠짐없이 써내려갔다. 일본 땅을 떠나 배에 탄 순간부터 일상사를 기록하여 자신의 실제 경험을 역사화한 것이다.

그의 이러한 기록은 『입당구법순례행기入唐求法巡禮行記』로 묶여 중요한 동양여행기로 평가받고 있다. 특히 그의 순례여행기에는 신라인들의 불교의식과 민속이 그대로 담겨 있어 그 뜻이 더욱 깊다. 당나라에는 신라인 집단거주지인 '신라방新羅坊'이 있었고 이곳의 사찰을 '적산원赤山院'이라 했는데, 원인 스님은 온갖 박해를 피해 피난처와 같은 이곳에 수차례 머물며 많은 도움을 받았던 것이다.

지금까지 본 바와 같이 이른 시기의 구법순례는 온갖 역경을 이기며 죽음을 무릅써야 했던 순례 길이었다. 그들의 희생을 담보한 순례가 있었기에 불교가 꽃필 수 있었고, 이

국의 문화를 담은 순례여행의 기록 또한 소중한 역사자료
로 거듭나고 있는 것이다.

동아시아 각국의 본토순례

—

전통시대의 해외순례가 주로 구법을 위한 출가수행자의
몫이었다면, 국내의 경우는 일반 신도들의 순례가 주목된
다. 수행자는 본디 유행遊行과 걸식의 삶을 살아가는 존재이
기에 그들의 본토순례는 일상의 삶 그 자체이기 때문이다.

앞서 이야기한 바대로 인도 순례가 부처님의 자취를 찾
는 성지순례였다면, 인도를 제외한 대부분의 불교 성지순례
는 사찰순례의 성격을 지닌다.

출가자가 머무는 사찰은 산속에 자리한 경우가 많다. 산
을 신성시하고 숭배하는 산악신앙과 더불어, 세속에서 벗어
나 심신을 수행하는 불교의 특성으로 인해 구도자들이 산
속에 근거지를 마련하게 되는 것은 자연스러운 현상이다.
따라서 산악신앙과 불교사상이 결합하여 독특한 불교사상
을 형성해 왔는가 하면, 특정 산을 특정 불보살의 상주공간
으로 여기는 신앙이 발달하기도 하였다. 이에 불교순례는

점차 산을 중심으로 조성된 사찰을 순례하는 문화로 정착되기에 이른다.

우리나라 본토순례의 역사를 살펴보기 전에 이웃나라 중국과 일본의 경우를 간략히 보자.

중국에서는 불교가 성행하면서 산악신앙과 결합해 이른 시기부터 불보살의 상주처로 국내 영산靈山을 순례하는 풍습이 생겨났다. 그 가운데 대표적인 것이 산서성에 있는 오대산伍臺山이다. 이 산을 『화엄경華嚴經』에서 문수보살文殊菩薩이 머무는 곳인 청량산淸凉山에 해당한다고 보았던 것이다. 5세기 무렵부터 오대산은 문수보살의 영장靈場이 되었고, 당시 불교 제일의 순례지로서 동아시아에 널리 알려졌다.

이에 문수보살의 성지 오대산을 찾는 순례자들을 위해 무료로 숙박과 끼니를 해결할 수 있는 보통원普通院이 설치되었다. 산 중턱에 이르는 동쪽과 서쪽의 길에 반나절 거리마다 세워졌는데, 이곳에는 늘 밥과 죽이 끊이지 않고 준비되어 있었다. 승속을 가리지 않고 누구나 함께 이용하기에 이름을 '보통원'이라 불렀다고 한다. 한편 돈황막고굴의 제61동에는 7세기부터 오랜 시간에 걸쳐 조성된 대형벽화 〈오대산도伍臺山圖〉가 있어 당시 순례자들의 모습을 그려 놓았다.

송나라 이후부터 각지의 영산에 대한 순례는 더욱 성행

하였다. '오대산'을 비롯해 관음보살 성지인 절강성의 '보타산普陀山', 보현보살 성지인 사천성의 '아미산峨嵋山', 지장보살의 성지인 안휘성의 '구화산九華山'을 4대 불교성지로 부르게 되었다. 이들 불교성지는 지금도 국내는 물론 해외에서 많은 이들이 즐겨 찾는 순례지이기도 하다. 그 가운데 구화산은 신라인으로 중국에 와서 고승대덕이 된 김지장金地藏 스님을 모신 곳으로 이름 높다. 그가 가부좌를 튼 채 입적한 뒤 3년이 지나도록 주검이 썩지 않아 금칠을 하여 육신불肉身佛로 모셔지면서 구화산은 지장신앙의 본산이 되었다.

일본은 순례문화가 매우 발달한 나라이다. 이른 시기부터 서민과 여성에게까지 순례의 길이 열려 있었다. 지금도 순례문화는 일본불교의 중요한 특성으로 꼽힌다. 이들은 순례를 '편로遍路'라 하는데, 여러 지역에 흩어져 있는 영장을 다양하게 세트화해 놓은 점이 더욱 두드러진다. 서일본과 관동지역에 각 33개와 지치부[질부秩父]에 34개로 100개의 관음영장觀音靈場이 있는가 하면, 진언종의 88개소와 정토종의 25개소 등 종파별 영장도 있다. 이들 사찰에는 '사이코쿠 관음영장 ○○번'처럼 현판에 번호를 매겨 놓았고, 순례자들은 방문을 증명하는 도장을 받으며 순례를 이어간다. 이들은 자신이 선택한 영장의 순례를 마치는 것을 염원하고, 평생

동안 몇 번에 걸쳐 반복적으로 순례하기도 한다.

특히 에도 초기인 17세기에 순례가 서민들에게까지 활성화된 데에는 '참근교대제參勤交代制'의 영향이 컸다. 이는 도쿠가와 막부시대에 지방영주들이 반란을 일으키지 못하도록 격년마다 에도에 살게 한 제도로, 전국 각지의 영주들은 자신의 영토와 에도를 오가며 1년씩 생활하였다. 사람의 왕래가 잦아지면서 에도로 통하는 길목마다 여관과 상업이 발달하고 도로가 정비되어, 이전에는 엄두를 내지 못했던 계층에서도 순례에 대한 꿈을 이룰 수 있게 된 것이다.

그들은 순례에 따르는 경제적 부담을 덜고자 일종의 계이자 결사의 성격을 지닌 '고[講]'를 조직하기도 한다. 순례를 떠나기 전에는 가족과 떨어져 정진하는 시간을 갖거나, 목욕재계한 뒤 신에게 참배하고 가족과 이웃이 모여 의식을 치른다. 순례복장 또한 행의行衣·각반·삿갓·지팡이·바랑·허리받침·손등싸개 등을 갖춤으로써 일시적 출가수행자로 순례를 하고 있다. 일본인들에게 순례는 중요한 신행규범으로 정착되어 있고, 누구나 거쳐야 하는 통과의례와 같은 성격을 지니는 듯하다.

이에 비해 우리나라에서 순례는 규범화된 문화로 정착되기보다는 개인의 신행행위로 행해졌다. 뚜렷한 순례문화의 흐름이 파악되지 않기 때문에 순례의 역사 또한 활성화되어 있지 않은 것으로 보고 있다. 수행의 방편으로 유행의 삶을 살아가는 출가수행자들의 경우를 제외하면, 전통시대에 일반 신자들이 절을 순례한다는 것은 불교가 처한 시대 상황이나 경제여건 등의 측면에서 힘든 일이었을 것이다.

그러나 우리의 산중불교가 찬란하게 꽃피었던 만큼 개인적으로 이루어지는 명산대찰名山大刹순례는 오랜 역사를 지닌 것이기도 하다. 일찍이 신라의 자장慈藏 스님이 오대산에 문수도량文殊道場을 열어 한국의 문수성지로 '오대산신앙'이 깊이 뿌리내리고 있다. 또한 의상 스님이 열 곳의 명산에 세운 화엄십찰華嚴十刹과 더불어, 신라 말에는 아홉 개의 산에 구산선문九山禪門의 불등을 환히 밝혔다. 고려시대에는 도선국사道詵國師를 중심으로 한 산천비보山川裨補의 풍수지리설에 따라 전국의 명산에 수많은 절이 세워졌다. 이러한 흐름에 더하여 조선시대의 억불정책으로 인해 왕실이나 세력가들의 원찰願刹을 제외한 대부분의 절이 산속으로 숨어들 수밖에 없었다. 따라서 전국의 이름난 절은 모두 산 이름이 앞에 붙어 '○○산 ○○사'로 불리고 있어 이들 명산대찰을 순례하는 이들의 행렬이 이어졌던 것이다.

불교가 성행했던 고려시대에는 특히 유명한 사찰이나 불

보살이 상주하는 성지를 찾아 예배하는 순례가 성행하였다. 이 가운데에서도 금강산을 대표적인 불교성지로 여겨, 백여 개에 이르는 사찰이 골마다 들어선 금강산으로 사찰 순례를 가는 이들이 많았다. 이는 금강산에 담무갈보살曇無竭菩薩이 1만 2천 명의 권속을 데리고 살며 법을 설한다고 널리 알려져 있었기 때문이다.

『화엄경』「제보살주처품諸菩薩住處品」에는 보살들이 머무는 23개 상주처를 밝혔는데, 당나라 사람들은 여섯 번째 담무갈보살이 머문다고 지칭한 곳을 우리의 금강산이라 보았다. 따라서 '금강'이라는 이름이나 '금강산 일만 이천 봉'이라는 말도 모두 『화엄경』에서 따온 것이다. 조선시대에도 외국 사신들이 우리나라에 오면 금강산을 참배하고자 청한 적이 많았다. 『조선왕조실록』에는 태종이 신하들에게 "중국 사신이 올 때마다 반드시 금강산을 보고자 하니 그 까닭이 무엇이냐?" 하고 묻자, 하륜河崙 등이 "대장경 속에 금강산 이야기가 실려 있어 널리 세상에 알려진 탓입니다"라고 답한 내용18이 등장한다.

고려 말의 유학자들은 금강산 순례에 대해 다음과 같이 기록하였다.

(…) 사방에서 사녀士女들이 천릿길을 멀다하지 않고 소에
싣고 말에 싣고 등으로 지고 머리에 이고 와서 부처님과 스
님들에게 공양하는 자들의 발꿈치가 서로 닿았다.

이곡李穀, 「창치금강도산사기刱置金剛都山寺記」, 『가정집稼亭集』 권3

(…) 위로는 공경公卿에서부터 아래로는 서민에 이르기까지
처자들과 더불어 다투어 가서 예배를 드리게 되니, 겨울철
의 눈보라나 여름철의 장마로 길이 막힐 때를 제외하고는
줄을 이었으며, 겸하여 과부와 처녀가 따라가서 산중에 묵
는 일도 있어 추문이 가끔 들리지만 사람들이 해괴하게 여
기지 아니한다.

최해崔瀣, 「송승선지유금강산서送僧禪智遊金剛山序」, 『동문선東文選』 권84

　이곡李穀과 최해崔瀣는 남성들뿐만 아니라 여성들도 금강
산 사찰을 순례하기 위해 먼 거리에서 찾아들었고, 한여름
과 한겨울을 빼고는 줄을 이을 정도였다고 기록하였다. 다
소의 과장이 있겠지만 그만큼 많은 이들이 금강산에 올랐
고, 그 목적이 관광에 있는 것이 아니라 불보살을 참배하기
위함이었음을 말해 주고 있다.
　특히 최해의 위 글을 보면 "과부와 처녀가 따라가서 산중

174

에 묵는 일도 있어 추문이 가끔 들리지만 사람들이 해괴하게 여기지 아니한다"는 대목이 있다. 이는 유학자의 비판적인 시선이 느껴지는 부분이지만, 한편으로는 여성들의 금강산 성지순례가 그만큼 일반화되어 있어 누구도 여성들이 산중에 묵는 일을 이상하게 여기지 않았다는 사실을 알 수 있다.

먼 거리의 나들이가 쉽지 않았던 전통시대의 사람들, 특히 여성들에게 순례는 종교적 참배이자, 동경의 대상이었던 바깥세상을 향해 내딛는 자유이기도 하였을 것이다. 조선시대에는 산중사찰의 은유자적한 풍취를 사랑한 선비들이 절을 찾아다닌 기록들이 적지 않게 전하지만, 이들의 경우는 순례라기보다 여행에 가깝다.

현대적 개념의 사찰순례가 어느 정도 일반화되기 시작한 것은 1970년대 이후의 일이다. 교통이 발달하고, 숙박시설이 일반화되면서 먼 곳의 사찰을 찾아다닐 수 있는 여건이 만들어졌기 때문이다. 따라서 현대 사찰순례의 역사는 관광의 역사와 맥을 같이한다. 대표적인 사례로 국토의 중간 위치에 자리하여 일찍부터 관광지로 부각된 속리산 법주사의 경우, 1970년대에는 한 해 백만 명에 가까운 관광객이 방문하였다고 한다. 본격적인 사찰순례는 1980년대 들어와 불교계에서 성지순례를 주관하기 시작하면서 비롯되었다.

윤달에 행하는 삼사순례

삼사순례의 내력

—

윤달에는 하루에 세 곳의 절을 도는 '삼사순례三寺巡禮'의 풍습이 성행하고 있다. 민간에서는 삼사순례를 '세절밟기'라고도 부른다. 세 곳의 절을 순례함으로써 복을 구하는 삼사순례는 예수재·가사불사 등과 함께 윤달에 행하는 대표적인 불교의례로 널리 알려져 있다.

윤달 삼사순례는 일반적인 사찰순례가 '윤달'이라는 시기와 '3회'라는 횟수로 결합된 것이다. 생겨난 시기에 대해서는 성지순례가 일반화된 1970~1980년대로 보고 있다. 그런데 1950~1960년대 윤달에 삼사순례를 하는 이들을 보았다는 증언(이남식, 전 안동대학교 민속학과 교수)이 있어 주목된다. 이에 따르면 윤달에 삼사순례를 하는 두 보살을 만난 적이 있는데, 이들은 당시에도 이미 오랫동안 삼사순례를 해오던 중이었다고 한다. 즉, 윤달의 삼사순례가 보편화된 것은 성지순례와 맥을 함께 하지만 처음 생겨난 것은 훨씬 이른 시기일 가능성이 크다.

또한 윤달과 결합하기 전부터 세 곳의 절을 참배하는 '삼사순례'는 특별한 의식이었음이 분명하다. 사찰순례는 이미 오랜 역사를 지닌 것인데다, 우리 민족은 숫자 '3'에 특별한 의미를 부여하기 때문이다. 특히 '3'이라는 숫자는 삼신三神·삼불三佛·삼성三聖 등 종교적 관념과도 밀접하게 연결되어 있어 세 곳의 사찰을 참배하는 것은 곧 세 분의 부처님을 만나는 일이나 다름없다.

이처럼 삼사순례에 의미를 두는 것은 인간의 종교적 심성을 반영하고 있다. 삼사순례는 일본에서도 오래된 개념이다. 이를테면 기부현岐阜縣에서는 매년 정월대보름 밤이면 고천정古川町에 있는 정토진종淨土眞宗 계열의 진종사·본광사·단광사를 돌며 참배하는 '산지마이리三寺參り 습속'이 200년 이상의 역사를 지닌 채 전승되고 있다.

삼사순례를 특별하게 여기는 생각이 '윤달에 절을 찾아 불공을 올리는 풍습'과 만나 서로 결합하는 것 또한 당연한 일이다. 윤달에 불공을 올리는 풍습은 『동국세시기』에 기록되었듯이 오랜 역사를 지니고 있다. 따라서 윤달 삼사순례가 탄생한 것은 비일상적 시간인 윤달을 '복을 빌면 응하는 달'로 보는 생각과 함께, 기왕이면 이 시기에 세 곳의 절을 순례하려는 마음이 겹치게 된 것이라 하겠다.

한편 삼사순례는 윤달의 다른 민속과도 공통된 요소를 지니고 있어 흥미롭다. 먼저 민간에서 쓰는 '세절밟기'라는 말에 주목해 볼 수 있다. 순례의 의미를 드러내고자 한다면 '세절돌기'라는 말을 쓰는 것이 더 자연스러울 수 있지만 '밟기'라고 표현한 것이다. '세 절을 밟는다'는 것이 세 곳의 절에 발걸음을 하는 것만이 아니라 '땅을 밟는' 의미도 있었음을 짐작할 수 있다. 이와 관련하여 쌍계사 고산果山 스님 (2007. 1. 25)의 이야기를 살펴본다.

예전에는 사람들이 '세 절을 밟았다' 이러거든? 세 절을 밟았다 캐가지고 절마다 가면, 절 마당에 탑이 있으면 탑 주변을 쾅쾅 들이 밟고 그러거든? 그래서 '왜 울려가며 밟고 그러냐'고 물으면, '하이고, 세 절을 밟아야 복 받는다 해가지고 그래 밟습니다' 이러거든? 그래서 그건 잘못된 거요, 세 절을 밟으라는 것은 세 절을 다 참배하고 세 절 부처님에게 기도드리고 공양도 올리고 업장소멸도 하고 그래하라고 그 스님의 입장에서 보면 '절을 밟는다'는 말이 마땅치 않을 뿐더러, '밟는다'는 것을 말 그대로 해석하여 땅이 울리도록 밟으며 탑을 도는 이들이 어리석게 보였을 것이다. 근래에는 땅을 '쾅쾅 밟으며' 세절밟기를 하는 이들이 드물겠지만 '밟기'라는 용어와 함께 이러한 풍습이 가능하게 된 이유를 짐작해볼 수 있다.

그들은 마치 지신밟기처럼 세 절을 밟는 행위에 종교적·주술적 의미를 부여했던 것이다. 윤달에 행하는 탑돌이와 성밟기 또한 '3회'와 '밟기'가 중요한 의미를 지닌다는 점에서 세절밟기와 유사하다. 전북 고창에서 행하는 윤달의 성밟기[踏城] 풍습에서는 성을 한 바퀴 돌면 다릿병이 낫고, 두 바퀴 돌면 무병장수하며, 세 바퀴 돌면 극락왕생한다고 보았다. 밟음으로써 무언가를 일깨우고 초월적 존재의 힘을 작용시킬 수 있다는 생각이 공통분모로 자리하고 있는 것이다.

이에 '윤달의 세절밟기'는 윤달이 지닌 상징성을 중심으로 탑돌이와 성밟기가 결합하여 생겨났을 가능성을 생각해

동화사 108성지순례
(봉암사, ⓒ 동화사)

보게 한다. '돌기·밟기·3회'라는 의례요소가 이들 세 민속에서 공통적으로 발견되기 때문이다. 따라서 절 내 행사인 '탑돌이'와 절 밖 행사인 '성밟기'가 전통적으로 중요하게 여긴 '3회'의 수, 그리고 '돌면서(밟으면서) 밟는(도는)' 민속놀이적 특징을 공유하면서 결합한 양상을 살펴볼 수 있다.

이러한 윤달 삼사순례는 1970년대 이후에 성지순례의 활성화와 함께 본격적으로 주목되었다. 아울러 윤달과 결합되기 전부터 삼사순례가 있었음을 추정할 수 있었듯이 윤달이 아니더라도 삼사순례를 하는 이들도 늘어나고 있다. 근래에 와서는 '윤달'과 '세 곳'이라는 시공간을 확대하여 오랜 시간에 걸쳐 '108사찰순례'나 '53 선지식 친견 법회' 등을

180

행하기도 한다.

삼사순례는 예수재 등과 달리 규범적인 의례가 아니라 개별적으로 이루어지며, 나들이나 여행처럼 유희성이 커서 상세한 전승양상이 전하지 않는다. '놀기 삼아 한다'는 말처럼 삼사순례의 열린 측면은 불자가 아닌 이들도 부담 없이 참여할 수 있게 한다.

그러나 이러한 열린 특성을 지닌 가운데, 윤달 삼사순례를 즐겨하는 이들은 나름대로의 규칙과 속설을 만들어 내고 있다. 윤달에 세 곳의 절을 순례한다는 점에서 일반 사찰순례와는 다른 의미를 부여하고 있는 것이다. 따라서 윤달의 다른 의례와는 달리, 자연발생적·자율적 특성이 강한 삼사순례는 민간에서 의미를 만들어 가고 있는 의례이기도 하다. '시간'과 '공간(장소)'과 '기도 내용'으로 구분하여 윤달 삼사순례의 민속을 살펴보자.

시간적 특성 : '1일 완결'과 '십이지 궁합' 중시

—

많은 이들이 윤달 삼사순례의 중요한 규칙으로 '1일 완결성'을 꼽는다. 삼사순례는 세 곳의 절을 순례하는 것뿐만 아니라 하루에 이를 완료해야 한다고 보는 것이다. 경우에 따라 며칠에 걸쳐 행하기도 하나 '1일 3회라야만 효험이 있다'고 여기는 이들이 많다. 이는 삼사순례의 특성을 뚜렷이 드러내는 것으로, 개별적이고 자유로운 삼사순례의 속성을 의례답게 견제하는 일차적 요소가 되고 있다.

'1일 3회'라는 규범이 지켜지는 가장 큰 이유는 의례목적에 영향을 미친다고 보기 때문이다. 삼사순례가 지닌 유희성이나 자율성과 무관하게 집을 떠나 순례에 오르는 순간부터 의례가 시작되며, 세 절을 밟고 돌아설 때 비로소 의례적 상황이 종결되는 것이다. 따라서 집으로 귀가하거나 여행지의 숙소 등 일상의 시공간 속으로 돌아온 상태에서 하루를 보낸 다음날 순례를 계속하는 것은 의례의 단절이 될 수밖에 없다.

이는 긴 세월을 두고 33개 사찰, 100개 사찰을 순례하는 일본의 '영장편로靈場遍路'와는 다른 차원으로, '3'이라는 숫자의 설정과 함께 연속되는 행위의 의례로 묶인 것이라 하겠다. 따라서 보다 정확하게 보자면 '1일'이라는 의미보다는 '연속적'이라는 의미가 더 적합할 수 있다. 날짜에 구애받지 않을 경우 나들이처럼 여유 있게 다니기 쉽지만, 하루로 묶어 놓으면 삼사순례라는 목적의식이 뚜렷해지면서 효과도 커지리라는 생각이 생겨난 것이다.

이처럼 의례기간의 1일 완결성을 지키는 가운데, 한 달 동안 어느 날짜를 선택하는가의 문제는 자유롭게 열려 있는 편이다. 그러나 특별한 달에 중요한 의례를 행하기 위해서는 날짜의 선택에도 신중해야 한다는 생각 또한 있었다. 사찰에서 사용하는 달력에는 날짜마다 간지干支를 표기하고 있듯이, 전통적으로 중요한 일을 행할 때 날짜의 십이지 궁합을 중요하게 생각하고 있기 때문이다.

실제 윤달 삼사순례를 하루에 마칠 필요가 없는 것은 당연하다. 윤달은 한 달 전체가 일 년 열두 달에서 추가된 비일상의 시간이기 때문에, 며칠에 걸쳐 행하더라도 그 의미는 같기 때문이다. 또한 '1일 완결'이 잘 알려진 것이라면, 간지를 따져 날짜를 선택하는 것은 더욱 드문 일이라 하겠다. 그럼에도 택일을 중시하는 이들에게는 이러한 의미 또한 버릴 수 없었던 셈이다. '1일 완결'과 '십이지 궁합'을 둘러싼 생각은 모두 윤달이라는 가외의 시간을 맞아 만들어진 다양하고 흥미로운 속설이라 할 수 있다.

공간적 특성 : '삼도삼절' 중시

—

윤달이면 사찰과 불교단체에서 신도들을 모아 삼사순례를 떠나기도 하고, 상황과 일정에 맞추어 혼자 또는 삼삼오오 무리를 이루어 다니기도 한다. 순례의 대상 사찰은 하루에 세 곳을 다닐 경우 가까운 곳을 선택하게 되지만, 전통 사찰이나 여러 가지 의미가 부여된 곳들을 묶어서 다녀오는 것이 일반적이다.

먼저 신도들은 세 사찰을 선택할 때 '삼도삼절[三道三寺]을 밟는 것이 가장 좋다'고 여긴다. 세 도에 있는 사찰을 찾아다닌다는 것은 그만큼 정성이 지극함을 의미하기 때문이다. 평소에는 자신이 사는 곳과 가까운 사찰에 다닐 것이므로 여러 지역의 성지를 두루 참배함으로써 신앙심을 다지는 동시에 좀 더 큰 효험을 얻을 수 있으리라는 기대감이 담겨 있을 것이다.

따라서 '삼도삼절'과 '1일 완결'을 모두 중요하게 여기는 이들은 충청도·경상도·전라도가 만나는 곳이나 지리산 자락, 경기도·강원도·충청도가 만나는 곳을 즐겨 선택하게 된다. 세 사찰이 인근에 자리하면서 서로 경계가 다르기 때문에 하루에 3도를 찾는 의미를 비교적 쉽게 실현할 수 있기 때문이다.

이와 더불어 근래로 올수록 중요한 의미로 유형화된 사찰, 같은 성격의 사찰, 인근의 이름난 사찰을 묶어서 찾는 경우가 많다. 삼보사찰인 통도사·해인사·송광사를 비롯하여, 바다가 한눈에 들어오는 남해 보리암·강화 보문사·양양 홍련암을 기도효험이 높은 3대 기도처라 하여 철야정진의 무박으로 다녀오기도 한다. 통도사와 더불어 강원도에 몰려 있는 오대산 상원사, 설악산 봉정암, 태백산 정암사, 사자산 법흥사는 부처님의 진신사리를 모신 5대 적멸보궁으로 불자들이 즐겨 찾는 순례지이기도 하다. 관음성지, 지장성지, 나한성지 등 역사가 깊고 이름난 절을 선택하기도 한다. 이처럼 명산대찰·전통 사찰을 순례지로 선택하여 볼거리를 겸하는 것은 크고 오래된 절에 신도들이 많이 몰리는 것과 같은 이치이다. 한편 삼도삼절이나 명산대찰 중심의 순례와는 달리 윤달을 맞아 자신과 인연이 있는 사찰을 묶어서 순례하기도 한다.

이처럼 '세 곳의 사찰을 어디로 갈 것인가'라는 공간 문제는 순례의 난이도를 조절하는 가운데 자유롭고 다양한 방식으로 정해지게 마련이다. 이 가운데서도 특히 '삼도삼절'을 순례하는 것이 삼사순례의 독특한 풍습으로 전해 오고 있다.

기도 내용 : '내세 발복' 중시

—

삼사순례를 하는 동안 사찰에서 행하는 의식은 일반적으로 사찰을 참배했을 때와 다르지 않다. 삼사순례를 자주 하는 이들에게 물어보면 '부처님 전에 기도 올리고, 108배도 하고, 쌀이나 불전도 놓고, 탑이 있으면 돌기도 하고, 다 똑같다'는 대답을 들을 수 있다. 삼사순례를 하는 목적 또한 불자로서의 신행행위인 동시에 개인의 다양한 바람과 연결되어 있게 마련이다.

그런데 『동국세시기』에서 "윤달에 불공을 드리면 죽어서 극락으로 간다고 믿었다"라고 했듯이, 윤달불공에서 특히 내세기복의 의미를 중요하게 여기기도 한다. 이는 전통적으로 윤달에는 '인간을 감시·심판할 신이 없다 → 저승문이 열린다 → 극락에 갈 수 있다'고 보는 생각과 깊이 관련되어 있다. 아울러 평소에도 극락왕생에 대한 발원은 기도의 중요한 비중을 차지하고 있어, 몇 년마다 돌아오는 특별한 시간에 내세를 위해 기도하는 것은 자연스러운 현상이기도 하다.

이처럼 '내세 발복'을 중시하는 윤달불공의 성격에 따라 삼사순례를 할 때 참배 대상이 평소와 달라지기도 한다. 주로 명부세계의 구제자인 지장보살을 모신 절 가운데 이름난 곳을 순례하거나, 일반 사찰에서도 명부전冥府殿·지장전·시왕전과 같이 명부세계를 관장하는 법당에서 더 많은 기도를 올리는 것이다.

이와 관련하여 윤달에 부적을 모으는 풍습도 전한다. 윤달이면 입춘이나 동지처럼 사찰에서 다라니부적을 나누어 주는 경우가 많은데, 이를 태우지 않고 모았다가 죽은 뒤 관 속에 넣으면 극락왕생하고 후손에게도 복이 미친다고 보는 것이다.

1996년에 개봉된 임권택 감독의 영화 〈축제〉의 입관 장면에서는 고인의 비녀를 비롯해 후손들이 반지·목걸이 등의 정표와 노잣돈을 관 속에 넣어 주는 모습이 나온다. 이때 큰며느리가 고인이 살아생전에 윤달 삼사순례를 해서 모은 부적을 관 속에 넣기 위해 가져오면서 다음과 같이 말한다.

달포 전인가? 그날따라 어머니가 멀쩡한 얼굴로 이것을 내 놓으시면서 '나 죽을 때 갖고 갈란다' 안혀요? 알고봉께 3년에 한 번 오는 윤달마다 하루 날 잡아서 세 군데 절을 댕기며 부적을 받아다가 모으면 자식들 무병하고 또 복 받는다는 소리를 어디서 들었는지, 생전 절간 근처도 댕기지 않으시는 분이 천관사로 옥룡사로, 또 장안사로 하루에 세 군데 절간을 찾아 댕기면서 이 부적을 모았다 안하요? 힘도 없는 노인네가 어떻게 그렇게 험한 산길을 댕기셨는지 참말로 기도 안 차요. 엄니가 누구를 위해서 그렇게 간절한 정성을 들였겠소? 자, 한번 열어 보고 아재 손으로 넣어 드리시오. 그만큼 부적을 모으실려 하면, 족히 수십 년 세월은 다니셨을 턴디, 날마다 얼굴 맞대고 사는 나도 몰랐으니 하이구, 행여 누가 알면 그 정성 새나갈까 그렇게 꽁꽁 숨겼을꼬……

이는 영화 속의 내용이지만 현실을 반영하고 있을 뿐만 아니라, 영화 〈축제〉는 실제 전통 상례의 과정을 담고 있어 민속사적 가치를 지닌 작품이기도 하다. 수십 년간 부적을 모아 죽을 때 가지고 가려 한 영화 속 고인처럼 윤달이라는 특별한 시기에, 자식들의 기복과 자신의 내세를 위해 세 곳의 사찰을 돌며 구한 부적은 큰 효험을 지닌 것으로 여겨졌을 것이다.

일종의 불교부적이라 할 수 있는 다라니[眞言]는 비밀스러운 언어로써 재난을 없애고 신비한 효험을 준다는 밀교적 전통에서 나온 것이다. 8세기 중엽 『무구정광대다라니경』에서 처음 발견되었고, 이후 민간에서 사용하는 재수부財數符 등과 결합하여 사찰에서 다양한 부적을 목판에 새겨 발행하기도 하였다. 다라니부적은 현세뿐만 아니라 극락왕생을 기원하는 내용을 담고 있어 예수재에서도 사용되며, 해가 바뀌는 동지·입춘·대보름에 한 해의 벽사기복을 위해 신도들이 구하는 주술물이기도 하다.

물론 이러한 방편적 대처가 불교의 정법이라고는 할 수 없다. 그러나 중생의 눈높이에서 볼 때 미지의 새해를 앞두고 신적 존재에 기대어 벽사기복하는 것은 자연스러운 일이다. 불자들이 지닌 이러한 마음은 불보살을 향하게 마련인데, 불법을 펴는 도량이라 하여 민간의 간절한 소망을 외면한다면 종교의 역할과 맞지 않다. 종교의 중요한 역할이 마음을 다스리는 데 있다고 볼 때, 부처님이 처방하는 부적이야말로 최상의 심리적 안정장치인 셈이다.

마음을 찾아가는
순례 길

　불자에게 순례란 부처님이 머무는 곳을 향해 가는 길이
다. 그렇다면 부처님이 머무는 곳을 향해 가는 까닭은 무엇
일까. 그 참뜻이 부처님을 형상화한 불상에 참배하고, 자신
의 기도를 발원하기 위한 데 있는 것만은 아닐 것이다. 만약
그렇다면 구태여 순례를 하지 않고도 가까운 사찰에서 기
도하면 될 일이다.

　순례는 찾아가는 지향점이 있고, 그곳을 향해 가는 '길'
의 의미가 있어야 한다. 성스러운 곳을 참배[禮]하기 위해
찾아가는 길[巡]을 '순례巡禮'라고 볼 때, '예禮'보다는 '순巡'
의 의미를 되짚어 봐야 할 듯하다.

　부처님을 참배하고 불공을 드리지만 궁극적으로 부처님
앞에서 찾아가는 대상은 자기 자신이다. 불공을 올리는 참
된 이유는 부처님의 가르침대로 스스로 성찰하여 깨달음을

이루어 나가는 데 있기 때문이다. 따라서 부처님을 향해 있지만 그 마음은 자기 자신을 향해 있다. 그런데 부처님 앞에서 저마다 자신을 향한 중생의 자리 또한 각각이다. 어떤 이에게는 자신의 부와 명예와 장수를 구하는 자리이고, 어떤 이에게는 자신의 크고 작은 악업을 참회하며 선업을 짓겠다고 발원하는 자리이며, 또 어떤 이에게는 기필코 부처를 이루겠다는 다짐의 자리이다.

석가모니는 자칫 방심하면 영원히 스스로의 주인공이 되지 못한 채 사바세계의 흐름에 흘러 떠내려가고 만다는 것을 끊임없이 일깨웠다. 원효 스님이 '백년이 잠깐인데 어찌 배우지 아니하며, 일생이 얼마이기에 닦지 않고 방일하랴'는 말을 남긴 것도 그저 흘러 떠내려가는 유전流轉의 삶에서 끊임없이 근원으로 돌아가 자신을 돌아보도록 한 것이다.

그런데 부처님 앞에 앉아 있는 우리 중생의 자리는 탐욕과 분노와 어리석음의 삼독三毒에서 벗어나지 못한 때가 많다. 모든 기도는 자신을 위한 데서부터 출발하는 것이라 하더라도, 주변을 돌아보지 않은 채 이기적으로 살다가 아무런 참회도 없이 부처님께 복을 구하기만 할 때가 많다. 이러한 마음가짐으로라면 부처님 앞에 참배한다 해도 공덕을 쌓는 일이 되지 못할 것이다.

법흥사·보덕사 순례(ⓒ 미디어 조계사)

이 지점에 순례의 참뜻이 있다. 부처님 앞에 마주하기 위해서는 길이 필요하다. 이는 곧 자기 자신을 향하는 데 길이 필요하다는 말과 같다. 가까운 곳에도 사찰이 있고, 부처님이 계시지만 구태여 순례 길에 오르는 것은 참 자신과 마주하기 위한 '길'의 의미를 새기기 위함이다. 일상에서 벗어나 새로운 부처님과 대면하기 위한 길 떠남은 바쁘다는 핑계로 돌아보지 않았던 자신과 거리를 두고 스스로를 성찰하기 위한 길 떠남인 것이다.

도력道力이 높은 이라면 여느 자리, 여느 순간에도 마음의 근원을 찾아갈 수 있겠지만, 그렇지 못한 대다수 중생의 삶은 끊임없는 자기성찰이 필요하다. 순례는 자신이 갈 지향점과 그것을 향해 가는 자신을 스스로 인식하게 하는 일이다. 따라서 걸어서 가는 길이든 차를 타고 가는 길이든, 순례 길은 그저 습관처럼 떠내려가는 길이 아니라 자신의 근원으로 되돌아가는 길이 될 수 있다.

그렇기에 그 길은 때로 아프고, 힘들고, 고난에 찬 길이 된다. 상처를 들여다봐야 하고, 감추고 싶은 부분을 드러내야 하며, 우기고 싶었던 잘못을 인정해야 하는 자신과의 싸움의 길일 수 있다. 그 길은 방만하고 세속의 욕심에 휘둘리는 일상과 이어진 것이 아니라, 자신의 본래 마음을 향해

난 길을 찾아들어가야만 갈 수 있는 길이다. 물리적인 길이면서 또한 마음의 길이기도 한 그 길을 통해 자신의 참모습과 대면하고 참마음을 찾아가는 자리가 바로 순례라 할 수 있다.

그러한 마음의 과정을 거쳐 도달하는 곳은 더 이상 타성에 젖어 찾았던 이전의 성지가 아니다. 따라서 궁극의 순례는 부처님이 머무는 곳을 향해 가는 길이 아니라 부처를 향해 가는 길이요, 부처가 되기 위해 가는 길이다.

5장
가사불사

가사의
전승내력

가사의 유래

—

윤달의 중요한 불교풍습의 하나로 '가사불사袈裟佛事' 또한 손꼽을 수 있다. 가사는 필요할 때마다 수시로 짓는 것이지만, 특히 윤달에 스님들에게 가사를 지어 올리면 공덕이 크다고 하여 대표적인 윤달 불교풍습의 하나로 자리 잡았다.

출가자의 모습을 묘사할 때 '방포원정方袍圓頂'이라는 표현을 쓰기도 한다. '방포'는 가로로 긴 장방형의 가사를 말하고, '원정'은 삭발한 둥근 머리를 가리킨다. 구도와 수행의 정신을 함축하고 있는 가사와 삭발로써 출가수행자를 나타낸 것이다. 가사袈裟는 스님들이 장삼 위에 걸치는 법복으로, '괴색壞色, 탁색濁色'을 뜻하는 산스크리트어 카사야kasaya에서 따온 말이다. 따라서 옷의 특징을 표현한 것이 아니라

196

옷 색깔을 나타낸 말이라 하겠다.

가사를 최초로 입은 분은 부처님이다. 카필라 성을 떠나 출가했을 때 싯다르타는 황금으로 장식된 화려한 태자의 옷을 입고 있었다. 태자는 성문을 나서서 처음으로 사냥꾼을 만나 옷을 바꾸어 입었는데, 이때 싯다르타가 갈아입은 옷을 가사의 시초로 보고 있다. 싯다르타는 올이 굵고 해진 옷을 입은 사냥꾼을 만났을 때 "저 옷이야말로 진인眞人의 옷이요, 세상을 건지는 자비의 옷이다!"라고 마음속으로 외쳤다. 세속의 인연을 끊고 수행자의 삶에 들어선 싯다르타의 첫 발자국은 옷을 갈아입는 것에서 시작되었다. 이처럼 부처님의 가르침을 상징하는 옷이기에 가사를 '법의法衣'·'법복法服'이라 한다.

부처님은 제자들과 함께 재가자들이 버린 옷이나 죽은 이를 감싸던 천 등을 기워서 입었다. 헐고 더러운 옷을 빨아 지은 옷이라 하여 '분소의糞掃衣'라고도 불렀다. 이러한 말들은 모두 가사에 무소유와 청빈함의 출가정신이 담겨 있음을 드러낸 것이라 하겠다.

『대보적경大寶積經』에서 부처님은 분소의를 입는 이유를 다음과 같이 말했다.

"비구는 분소의에 대해 이와 같이 생각해야 한다. 수행자의 옷은 바람과 햇볕과 곤충을 막아 몸을 보호하기 위함이지, 장엄하게 꾸미려는 데 있지 않은 까닭에 깨끗하고 좋은 옷을 구하지 않는다."

이는 수행자의 의식주에 대한 부처님의 일관된 사상으로, 살아가는 데 필요한 최소한의 것만 갖춤으로써 수행정진에 방해가 되는 장애물을 없애려는 출가정신을 담고 있다. 부처님 불멸 후 백 년이 지나서 열린 제2결집 때 인도 전역으로부터 7백 명의 비구가 모였는데 그 가운데 장로로서 존경받았던 비구들은 모두 걸식을 하고 분소의를 입었다고 기록되어 있다.

그런데 율장律藏에 따르면, 두개골로 된 발우를 들고 다 떨어진 분소의를 입은 비구가 마을에 걸식을 하러 갔다가 임신한 여인을 놀라게 하는 사건이 발생하게 된다. 이에 주위 사람들이 비구를 비난하였고, 그 사실을 안 부처님은 해골로 만든 발우와 분소의로 몸을 감는 것을 금지시켰다고 한다. 이후 제자들은 의복을 깨끗하게 빨아서 정갈하게 갖추어 입게 되었고, 신도가 새 천을 공양하면 받아 입는 것을 허용하게 되었다.[19]

초기에는 쓰레기 더미에서 옷을 구하고, 탁발걸식으로 끼니를 해결했으나 여러 문제가 생길 뿐만 아니라 점차 승단이 커지면서 기존의 방식만으로는 감당을 할 수 없었다. 따라서 탁발과 분소의를 지키는 가운데, 엄격한 규정을 두어 재가불자들의 보시를 받아들이도록 허용한 것이다.

특히 가사의 경우, 고대 인도에는 96종의 외도外道가 있어 외관으로는 이들과 불제자들을 구분하기 힘들었다. 따라서 부처님은 신도들이 의복을 보시하면 받아들이되, 여러 가지 폐단을 줄이고 외도와 복장을 구분하기 위해 가사에 대한 상세하고 엄정한 지침을 마련하기에 이른다.

가사를 만드는 데는 색깔, 재봉방식, 종류에 따라 규정을 두었다. 그런데 이러한 각 규정의 기본조건은 무가치한 '천賤'의 의미를 실천하는 데 두어 이를 '사문의삼종천沙門衣三種賤'이라 한다. '삼종천'이란 탁하고 아름답지 않은 색깔을 쓰는 '색천色賤', 옷감을 조각으로 나누어 만드는 '도천刀賤', 낡고 쓸모없는 옷을 입는 '체천體賤'을 말한다.

출가수행자의 정신을 담은 옷

—

첫째, 색깔의 경우 천한 색으로 물을 들이는 '색천色賤'을 지키도록 하였다. 특히 가사를 짓는 원칙에서 색을 가장 중요

가사를 수한 스님들(범어사)

하게 여겨 반드시 염색을 하게 하였다. 색깔은 다른 요소에 비해 외관으로 구분하기가 쉽고, 또 재가불자들로부터 받은 것을 그대로 사용하게 되면 화려한 색의 옷이 될 수 있기 때문이다.

가사를 뜻하는 범어 카사야가 '괴색, 아름답지 않은 탁한 색'이라는 뜻을 지니고 있듯이, 『사분율四分律』에는 "비구가 새 옷을 얻으면 마땅히 세 가지 종류의 하나로 괴색壞色해야 한다"고 명시되어 있다. 괴색의 '괴壞'는 한역하면 '파괴되고 무너짐'을 뜻하는데, 분소의에 가장 가까운 색이자 모든 색에서 떠났음을 나타내고자 하였다.

『사분율』에서 말하는 세 가지 색은 청靑, 흑黑, 목란木蘭의 색이다. 아울러 '괴색해야 한다'고 표현함으로써 이들 색깔을 중심으로 하되 탁색이어야 함을 나타내고 있다. 곧 청색의 경우는 구리그릇에 생긴 녹과 같은 색이고, 흑색은 순흑이 아니라 진흙의 색이나 주석이 녹슨 듯한 색을 말한다고 하였다. 또 목란은 나무껍질을 뜻하여 황색 기미를 띤 갈색이나 붉은 흙, 돌의 색 등을 말한다고 하였다. 한편 『십송율十誦律』에서는 청, 니泥, 천茜, 『유부율有部律』에서는 청, 니, 적赤, 『파리율巴梨律』에서는 청, 니, 암갈색 등으로 다양하게 표현되어 있다. 이 가운데 니泥는 진흙, 천茜은 꼭두서니 열매의 색깔을 말한다.

가사의 색은 율장에 따라 달리 표현하여 복잡한 양상을 띠고 있으나, 그 근본 뜻은 이러한 색깔을 중심으로 하되 탁색·괴색으로 무가치한 색[색천色賤]을 만들도록 하는 데 두었다. 오정색伍正色과 오간색伍間色의 열 가지 금색禁色을 정한 것도 깨끗하고 아름다운 색을 피하도록 함으로써 색에 대한 탐욕을 막는 수행자의 정신을 담고 있다.

둘째, 가사를 만들 때는 옷감을 조각으로 나누어 가치 없는 것으로 만드는 '도천刀賤'을 지키도록 하였다.『십송율』에 따르면 보시를 받은 옷감이나 주은 옷이 있을 때 열 명이 있으면 열 조각으로, 백 명이 있으면 백 조각으로 나눈 다음 옷을 짓도록 하였다. 이러한 방식을 사용하면 높고 낮음 없이 서로 평등하게 나눌 수 있을 뿐더러, 한 조각도 남김없이 사용할 수 있다. 일반 옷과 같은 형태일 때는 매우 소모적인 재봉방식이지만, 긴 장방형으로 만들 때는 같은 옷감으로 된 한 벌의 의미와 무관하게 조각 천을 계속 이어 붙임으로써 가사를 완성할 수 있기 때문이다. 이와 같이 논밭이나 바둑판처럼 조각으로 나눈 천을 바느질해서 만든 옷이라 하여 '할절의割截衣'라 부르기도 한다.

『사분율』에는 할절의가 부처님이 정연한 논밭을 보고 착안한 데에서 유래되었다고 적었다. 어느 때 부처님이 왕사성을 떠나 남방으로 유행하다가, 가지런한 논밭을 보고 "이는 세간의 복전福田이니 출세간의 복전인 승가의 의복도 이와 같이 만들라"고 아난에게 명하였다. 이에 아난이 할절의 만드는 법을 비구들에게 가르쳤고, 그때부터 모든 불제자들이 할절의로 가사를 만들어 입게 되었다는 것이다. 아울러 『십송율』에서 이러한 전답 모양의 조각 옷을 지어 입도록 한 것은 외도와 구별하고, 도적에게 해를 당하지 않게 하기 위함이라 하였다.

이처럼 한 벌의 가사를 만들기 위해서는 여러 조각의 천을 덧대어 꿰매야 했기에 기워 만든 옷이라는 뜻을 담아 또한 '납의衲衣'·'납가사衲袈裟'라고도 부른다. 스님들이 스스로 '납자衲子'·'납승衲僧'이라고 낮추어 부르는 것도 여기에서 나온 말이다.

따라서 재가자들로부터 가사불사를 받을 때는 지은 옷이 아닌 옷감으로 받았고, 재질에 따라 가사로 만들기에 적합한 옷감과 금지할 옷감을 나누었다. 이에 승가에서는 재가자로부터 의재衣財를 받는 수납受納 비구, 옷감의 저장과 관리를 맡는 수장收藏 비구와 수고守庫 비구, 옷감을 분배하는 분의分衣 비구 등을 두었다.

셋째, 낡고 쓸모없어져 버려진 분소의를 입어 '체천體賤'을 지키도록 하였다. 이러한 정신을 지닌 가운데 가사는 삼의三衣로 제한하여 이외의 옷을 비축하지 않게 하였다.

가사의 종류는 포의 폭을 의미하는 '조條'를 기준으로 하여 5조가사인 '안타회安陀會', 7조가사인 '울다라승鬱多羅僧', 9조~25조가사인 '승가리僧伽梨'로 구분한다. 승가리는 가장 큰 가사로 9조 이상의 가사는 '대의大衣'라고도 한다.

가사는 최초에 하나만 입다가 점차 기온이나 용도에 따라 이들 세 가지 유형으로 분화된 것으로 보인다. 『사분율』에는 부처님이 이렇듯 삼의를 제정하게 된 동기를 다음과 같이 적었다.

내가 초야初夜에 바깥에 앉았을 때 하나의 옷을 입었고, 중야中夜가 되어 추위를 느껴 두 번째 옷을 입었고, 후야後夜가 되어 추위를 느낌에 세 번째 옷을 입었다. 이에 '오는 세상에 착한 남자들이 추위를 견디지 못하거든 세 벌의 옷만을 갖게 하면 족하리라. 나는 지금 비구들을 규제해서 세 가지 옷만을 가지게 하리라' 생각하였다.

용도에 따라 삼의를 구분해 보면 승가리는 중요한 의식

이나 탁발을 하러 나갈 때, 외출을 할 때 입도록 하였다. 울다라승은 평소에 입는 옷 가운데 가장 좋은 것으로 승가의 공식행사라 할 수 있는 예불, 염송, 포살, 자자를 할 때 주로 입고 가까운 곳에 외출할 때도 입을 수 있다. 안타회는 가장 간단한 옷으로 사원에서 일상 잡무를 보거나 잠잘 때 입는 옷을 말한다.[20]

아울러 비구 250계에 '이삼의계離三衣戒'를 두어 유행을 할 때 항상 삼의를 모두 가지고 다니도록 하였다. 이후 불교가 중국 등 북방의 추운 지역으로 전파되면서 가사 외에도 덧입는 옷이 허락되었다. 따라서 남방불교에서는 가사가 곧 일상복이지만, 중국·한국·일본 등에서는 장삼과 같은 일상의 법복을 입은 위에 가사를 착용하게 되면서 의식용 법복의 역할을 하고 있다.

이처럼 가사는 출가수행자의 정신을 담고 있는 것으로 부처님 당시부터 이미 색깔과 재단방법, 종류에 이르기까지 엄정하고 상세한 규정을 만들어 놓았다. 이러한 규정이 곧 불교 특유의 복식을 창조하였고, 오늘날에 이르기까지 부처님의 가르침을 전하는 법복으로 전승되고 있는 것이다.

또한 불교에서는 스승과 제자 사이에 법을 이어가는 것을 '사자상승師資相承'이라 하는데, 가사는 발우와 함께 스승이 제자에게 법을 전하는 증표가 되기도 한다. 초기 불교에서는 출가자가 늘 지니고 다녀야 하는 여섯 가지 생활용구로 세 가지 법의法衣, 발우鉢盂, 좌구坐具, 녹수낭漉水囊의 '비구6물比丘六物'을 두었다. 발우는 출가자의 밥그릇이고, 좌구는 앉거나 누울 때 까는 천이며, 녹수낭은 물을 거르는 주머니로 물속의 작은 벌레를 걸러 생명을 보호하기 위한 용도로 쓴다. 이러한 비구6물은 언제 어디서나 떠돌아다니며 수행하는 데 필요한 최소한의 의식주 도구로 출가자의 구도 정신을 담고 있다.

그 가운데 가사와 발우는 수행자의 삶을 상징하는 것이어서, 보통은 '삼의일발三衣一鉢'·'의발衣鉢'이라는 말로 출가자의 소유물을 표현하게 된다. 출가자 개인이 소유할 수 있는 것을 이러한 물품으로 제한하였고, 그 밖에 기증된 것은 공동소유로 삼았다. 따라서 주인과 평생을 같이하는 의발은 그것을 소유한 출가자를 대신하는 유일한 물품이었고, 의발을 전수하는 것이 곧 법의 전수를 뜻하게 된 것이다.

특히 중국불교에 이르러 새롭게 일어난 선종禪宗에서 '의발전승'으로 법을 이어가는 가풍이 성행하였다. 선종의 초조인 달마達磨에서부터 육조 혜능慧能에 이르기까지, 각 선사들은 제자에게 가사 혹은 가사·발우를 남기면서 자신의 법을 전하는 증표로 삼았다. 그러다가 오조 홍인弘忍은 혜능에게 의발을 전수하며 다음과 같은 말을 남기게 된다.

> **혜능** : 제가 법은 이미 받았으나 뒷날 이 의발을 어떻게 전해야 하겠습니까?
>
> **홍인** : 옛적에 달마대사는 처음 이곳에 와서 사람들이 신뢰하고 알지 못하므로 의발을 전하면서 법을 전한다고 했지만, 이제는 신심信心이 이미 숙달하였고 의발은 분쟁의 여지가 있으니 너에게서 그치도록 하는 것이 좋겠다. 다시는 다른 이에게 전하지 말라.
>
> 지명 스님, 2002, 118쪽

문중의 갈등을 불러일으킴에 따라 혜능에 이르러 공식적인 의발전수는 더 이상 이루어지지 않았지만, 그 뒤로도 법을 잇는 표시로 제자가 스승의 의발을 전수받는 것이 우리나라를 비롯한 여러 나라에서 자연스러운 유풍으로 이어지고 있다. 아울러 실제 의발전수가 이루어지지 않더라도 스승의 법을 제자가 이어받는 것을 '의발을 잇는다'고 표현한다.

가사불사의 공덕

복을 담은 옷, 복전의福田衣

—

재가불자들의 가사불사는 부처님 당시부터 시작되었다. 가사는 음식, 약, 침구와 함께 재가자가 출가자에게 올리는 '사사공양四事供養'의 하나로 중요하게 다루어졌다. 이러한 사사공양은 살아가는 데 가장 기본적인 의식주를 보시하는 일이기에, 삼보의 한 존재인 스님에게 올리는 핵심 공양으로 삼아 온 것이다. 그 가운데서도 가사는 부처님의 가르침을 전하는 옷이자 옷 주인인 스님과 함께하며 위의威儀를 나타내는 것으로 가사불사에 더욱 큰 의미를 부여한다.

따라서 가사를 시주하거나 조성에 동참한 공덕은 이루 말할 수 없이 크다고 보아 가사를 '복전의福田衣'라 부르기도 한다. 복전의란 말은 부처님이 할절의를 만들게 할 때, 가지

런한 남방의 전답을 보고, 논밭이 '세간의 복밭[福田]'이라
면 가사는 '출세간의 복밭'이라 한 데서 따온 말이다.

『불설가사공덕경佛說袈裟功德經』에 문수사리보살이 "염부
제 중생이 무슨 인연을 지어야 수복을 얻겠습니까?"라고 묻
자, 부처님은 "가사가 복 가운데 으뜸"이라 말한 뒤 다음과
같이 설한 내용이 나온다.

가사는 여래의 상복上服이며 보살의 대의大衣니라. 가사를 입
는 이는 능히 복전福田을 짓고 가사를 시주한 이는 속히 수
승한 과보를 얻게 되리니, 대범천왕과 제석천왕이 남과 북에
앉아 옹호하고, 사방천왕은 사방에 서서 호위할 것이니라.
만일 용왕이 가사를 몸에 걸치면 금시조金翅鳥가 해할 마음
이 없어지고, 사냥꾼이 가사를 몸에 걸치면 모든 짐승이 공
경하는 마음을 내게 될 것이다. 그러므로 가사를 시주한 이
는 천 가지 재앙이 눈 녹듯 소멸되고, 짓는 데 동참한 이는
백 가지 복이 구름일 듯 일어날 것이니라.

이는 가사가 지니는 의미와 가사를 시주하는 공덕이 그만
큼 깊고 크다는 것을 상징적으로 표현한 내용이다. 가사를
몸에 걸치면 온갖 신중이 호위하고, 용을 잡아먹는 금시조도

가사를 걸친 용에게는 해칠 마음이 없어지며, 짐승들조차 가사를 걸친 사냥꾼에게는 공경심이 우러난다고 하였다. 이러한 위력에 비유할 만큼 가사가 지닌 힘은 큰 것이기에, 가사를 시주하거나 가사를 지은 이의 공덕은 얼마나 클 것인가.

또한 삼보의 한 존재인 스님이 입게 되는 가사는 부처님의 가르침을 전하는 옷이기에 곧 불보살의 옷이라 하였다. 따라서 '가사불사는 부처님에게 옷을 보시하는 것과 같다'는 비유로써 그 공덕을 소중하게 여겼고, 불자들의 지극한 마음이 담긴 옷이기에 이를 입은 자 또한 큰 복전을 짓게 된다고 하였다. 이처럼 가사는 시주한 자와 입은 자 모두가 수승한 공덕을 짓고 받는 것으로, 출가와 재가의 구분 없는 참된 복밭으로 널리 회자되고 있다.

이러한 가사불사의 공덕을 담고 있는 대표적인 두 편의 이야기를 살펴보자.

가사불사로 인육을 멈추게 한 이야기

옛날 인도의 어느 나라에 인육을 즐겨 먹는 악한 왕이 있어, 매일 한 명씩 희생당할 사람의 순서를 정해 놓았다. 그 나라 금골장군에게 금화라는 열다섯 살 난 딸이 있었는데 다음 날이 딸을 진상할 차례라서 식음을 전폐하고 수심에 차 있었다. 딸이 그 까닭을 물어 자신의 처지를 비로소 알고 크게 낙담하였다. 그녀는 죽기 전에 성안이라도 마음껏 구경하다 오려고 하녀와 함께 집을 나섰다가 우연히 한 스님을 만나게 되었다.

"낭자, 지금 우리 절에서 가사불사를 하는데 시주를 하시겠습니까?"

"스님, 저는 내일이면 죽을 몸인데 가사불사로 시주한들 무슨 공덕이 있겠습니까?"

"가사불사를 하면 모든 액난을 면하고 바른 인연을 얻어 성불하게 되지요."

그 말을 듣고 홀연히 환희심이 난 금화는 스님을 따라 절에 가서 금은을 시주하고 불전에 간절히 기도한 후, 가사 삼령에 세 바늘을 뜨고 돌아왔다. 밤새 가족과 뜬눈으로 새운 채 날이 밝아 왕의 앞으로 끌려가게 되었다. 이윽고 왕이 금화의 목을 베도록 명하자 망나니가 칼을 내리쳤는데, 칼이 세 동강으로 부러지면서 금화의 목에는 상처 하나 없는 게 아닌가. 다른 칼을 가져와 다시 쳐도 마찬가지였다. 이에 왕은 크게 노하여 친히 칼을 잡고 금화의 목을 쳤으나 역시 세 동강이 날 따름이었다. 왕은 신비로운 금화의 능력에 놀라며 물었다.

"그대는 대체 무슨 술법을 가지고 있소?"

"저는 아무 술법도 쓸 줄 모릅니다. 다만 어제저녁 절에 가서 가사불사를 하고 가사 삼령에 세 바늘을 통침하였을 뿐입니다."

"내 그대를 왕후로 삼고자 하는데 낭자의 뜻이 어떠하시오?"

"저를 비로 삼으시려면 먼저 인육을 멈추어 주십시오. 그리고 백성에게 널리 가사불사를 권하고 불교를 받들도록 해 주십시오."

왕은 이를 쾌히 승낙하고, 자신의 죄를 참회하며 인육을 멈추어 금화를 왕후로 맞아들였다.

가사 바느질로 상사뱀을 떨친 이야기

옛날 원 순제順帝에게 아름다운 딸이 있었다. 그런데 공주를 짝사랑하던 한 관리가 죽은 뒤 상사뱀이 되어 공주 몸에 붙어서는 한시도 떨어지지 않았다. 근심의 나날을 보내던 공주는 차라리 세상에 나가 산천 경계를 자유롭게 구경하다 죽어야겠다는 생각으로 허름한 옷차림을 한 채 정처 없이 이산 저산을 찾아다녔다. 어느 때 고려의 금강산을 구경하려다 길을 잘못 들어 춘천 땅에 이르렀고, 강 건너에 절이 있어 가려 했으나 상사뱀이 꼼짝도 하지 않았다.

이에 공주는 잠깐만 이곳에서 기다려 주면 곧 절 구경을 다녀오겠노라고 간청하여, 뱀을 바위 위에 남겨둔 채 강을 건넜다. 절에 들어가 부처님께 예배하고 둘러보니, 마침 큰 방에서 가사불사를 하고 있었는데 점심공양을 하러 가 아무도 없었다. 공주는 자신도 모르게 방에 들어가 큰절을 올리고 가사에 바느질 세 땀을 뜬 다음 밖을 나왔다. 절문을 나와 개천을 건너려는데 갑자기 뇌성벽력이 건너편 바위에 내려쳤다. 강을 건너가 보니 그곳에 있던 상사뱀이 새까맣게 타 죽은 것이었다.

공주는 기뻐하며 다시 절로 들어가 부처님께 수없이 절을 올리고, 주지 스님에게 자초지종을 말한 뒤 이곳으로 출가하였다. 그녀의 소식이 알려지면서 모두 가사불사의 공덕을 크게 믿게 되고, 나라에서 새 절을 짓게 하여 현재 청평사가 되었다고 한다.

　이러한 이야기는 나라마다 지역마다 다양하게 전승되면서 가사불사가 지닌 크나큰 공덕에 대해 생각해 보게 한다.

한국 가사불사의 전승양상

—

우리나라도 불교가 들어오면서부터 스님들의 가사를 지어 드리는 불사는 왕실에서 서민에 이르기까지 중요한 공덕으로 여겨졌다.

먼저 『삼국유사』에는 신라 말의 보양寶壤 스님이 용왕으로부터 가사를 시주받았다는 설화 내용이 등장한다. 스님은 당나라에서 불법을 전해 받고 돌아오는 길에 서해에서 용을 만나 용궁을 구경하게 되었는데, 용왕은 그에게 불경을 외게 하더니 금라가사金羅袈裟 한 벌을 시주하였다. 이에 스님은 용왕이 일러준 곳을 찾아 절을 지어 작갑사鵲岬寺라 하였고, 이 절이 오늘날 청도 운문사의 전신이라 한다.

불교가 흥성했던 고려시대에는 왕실과 귀족층에서 스님들에게 가사를 시주하는 일이 일상화되어 있었다. 이를테면 1356년에 공민왕 부부는 봉은사에서 보우普愚 스님의 설법을 청해 듣고, 은발우와 수놓은 가사를 시주했다는 내용이 『고려사』에 나온다. 조선시대에 와서도 이러한 가사불사는 계속되었는데 『조선왕조실록』에 기록된 몇 가지 사례를 살펴보자.

태종은 1408년에 사재를 들여 빈전殯殿에서 흥덕사 주지

설오^{雪悟} 스님을 강주로 모시고 화엄삼매참^{華嚴三昧懺} 법회를 열었으며 이때 108명의 스님들에게 가사와 발우를 시주하였다. 문종은 즉위하던 해인 1450년에 채백과 나견을 사찰에 시주하여 가사와 좌구^{座具}를 만드는 불사에 사용토록 하였다. 그런가하면 2년 뒤 세종의 대상^{大祥}이 되자 승지를 보내어 대자암^{大慈菴}에서 5일간에 걸쳐 치른 법회를 감독하게 하고 8백 명의 스님에게 발우와 능라단^{綾羅段}, 황색 명주, 가사를 차등 있게 시주하였다. 태종과 문종은 모두 억불숭유 정책을 편 왕들로 알려져 있으나, 유교이념의 토대 위에 세워진 조선의 왕으로서 대외정책 이면에 종교적으로는 불교를 가까이했음을 알 수 있다.

이와 함께 1473년에는 충청도의 사노비 막산^{莫山}이라는 자가 대왕대비전의 패자^{牌字}를 위조하여 백성들을 현혹시키고 재물을 빼앗는 일이 있었는데, 그 사례 가운데 가사불사에 대한 내용이 등장한다. 막산은 사람들에게 '지금 금강산 어느 사찰에서 가사를 만드는데, 그곳으로 가는 비구니 편에 가사불사에 필요한 면포 몇 필을 시주하면 호역^{戶役}을 복역시키고 양민으로 놓아준다'며 사기 행각을 벌였다는 것이다. 거짓으로 꾸며낸 이야기지만, 이는 당시에 큰 사찰을 중심으로 대규모 가사불사가 행해지면서 이에 대한 불자들의 시주가 있었다는 사실을 말해 준다.

특히 윤달은 일상에서 벗어난 종교적 시간으로 '기복하면 감응하는 달'이라 여겼기에, 가사불사 또한 이른 시기부터 중요한 윤달의 불교풍습으로 전승되었다. 따라서 윤달이면 대규모 가사불사를 벌여, 가사를 전문적으로 짓는 양공良工 스님과 여러 신도들이 힘을 모아 정성껏 바느질하여 가사를 만드는 것이 승가에서 내려오는 전통 풍습이었다.

그런데 이러한 윤달의 가사불사를 조선 중기에 한 유학자가 쓴 일기 속에서 찾아볼 수 있으니 놀라운 일이 아닐 수 없다. 조선 중기의 문인 김령金坽 1577~1641이 쓴 『계암일록溪巖日錄』을 보면, 경술년1610의 윤3월에 은통암隱通菴에 올랐는데, 절에서 '여러 승려들이 모여 가사를 짓고 있었다[승배제가사사의재취僧輩製袈裟紗衣齋聚]'는 것이다. 이에 차와 밀과를 얻어먹으며 그 청아함을 즐겨 오래도록 앉아 두 편의 시를 지었다고 기록하였다. 우연히 그해 윤달에 가사를 지은 것인지 알 수 없지만, 조선 후기에는 윤달불공이 정착되어 있었던 점으로 볼 때 이 시기에 이미 윤달과 다양한 불공, 불사가 결합되었을 가능성 또한 크다.

엄정한 의식으로 가사 짓기

—

가사는 부처님의 가르침이 담긴 법복이기에 만들 때도 종교적 절차와 형식을 갖추었다. 가사를 지을 때는 전문적인 기량을 지닌 도편수 스님의 지휘로 양공 스님들과 여러 재가불자가 모여 직접 손바느질로 만들어 나갔다. 가사를 짓는 스님과 불자들은 옷차림을 단정히 한 채 예불과 함께 바느질을 하였고, 한 벌의 가사가 완성되기 위해서는 시주로 동참하는 이에서부터 가사를 짓는 데 동참하는 이에 이르기까지 많은 이들의 정성과 염원이 담기게 되는 것이다.

특히 가사를 만드는 이들은 지극한 정진의 마음으로 불사에 임하게 된다. 가사 도편수로 40년을 전념해 온 무상 스님은 '가사불사는 정진하는 마음, 화두 드는 마음으로 만들어야 한다. 뭉뚝한 송곳으로는 아무리 해도 뚫어지지 않지만 뾰족한 송곳으로 뚫으면 단방에 뚫리듯 가사불사 또한 일념으로 해야 한다'고 하였다. 가사를 만드는 그 시간만큼은 도道와 통하는 시간이며, 재봉하는 사람이나 바느질하는 사람이나 다리미질하는 사람 모두 일념으로 해야 온전한 가사가 탄생하기 때문이다.[21]

전통방식으로 가사를 만들 때는 반드시 '통문通門'을 두었다. 이는 가사를 겹으로 만들기 때문에 작게 나눈 조각들이 서로 통하도록 바느질할 때 규칙적으로 몇 뜸을 뜨지 않고 터놓는 것을 말한다. 가사를 만들 때 전답의 모양을 본뜬 것처럼 논두렁, 밭이랑의 물이 서로 통해야 곡식이 자랄 수 있는 것과 같은 이치이다. 따라서 가사의 통문은 콩알을 넣어 사방으로 굴려 서로 통하게 만들었다. 통문의 숫자는 가사의 조수條數에 따라 달라지게 마련인데, 25조 승가리일 때는 332곳에 통문을 둔다.

'전답이 세간의 복전福田이라면, 가사는 출세간의 복전福田'이라는 부처님의 뜻이 가사에 그대로 담겨 있는 것이다. 통문은 부처님의 법이 막힘없이 고루고루 통한다는 뜻이기에 '통문불通門佛'이라고도 부른다. 가사에 담긴 불법의 이치는 오묘하기 그지없다. 『가사경』에서, 통문불은 곧 일체의 삼보가 함께 자리하는 것으로 통문불의 한 땀이 곧 한 분의 부처님이라 하였다. 따라서 가사를 조성함에 있어 통문불을 두는 것은 물론, 그 수에 착오가 없기를 거듭 당부하였다. 근래의 가사는 손바느질로 하지 않고 재봉틀을 사용하기 때문에 통문이 사라졌지만, 점안의식을 할 때 「통문불」을 염송함으로써 그 뜻은 이어지고 있다.

통문을 낼 때는 부처님의 명호를 외워야 한다. 『가사경』에는 삼의마다 외워야 할 부처님의 명호를 구분해 놓았다. 이에 따르면 하품가사인 안타회의 통문을 낼 때는 5불을 외우고, 중품가사인 울다라승의 통문에는 7불을, 9조 이상 승가리의 통문을 낼 때는 9불의 명호를 외우도록 하였다. 「통문불」의 명호를 살펴보자.

상품회상上品會上 **9불**

제1 금강당불金剛幢佛, 제2 아미타불, 제3 석가모니불, 제4 미륵존불, 제5 아촉불阿閦佛, 제6 묘색신불妙色身佛, 제7 묘음성불妙音聲佛, 제8 향적광불香積光佛, 제9 대통지승여래불大通智勝如來佛

중품회상中品會上 7불

제1 유위불維衛佛, 제2 시기불尸棄佛, 제3 패엽불貝葉佛, 제4 구류손불拘留孫佛, 제5 구나함모니불拘那含牟尼佛, 제6 가섭불, 제7 석가모니불

하품회상下品會上 5불

제1 청정법신 비로자나불, 제2 원만보신 노사나불, 제3 천백억화신 석가모니불, 제4 구품도사 아미타불, 제5 당래하생 미륵존불

가사의 각 조가 모두 이어지면 사방에 사천왕의 명호나 '천天'·'왕王'의 글자, '옴' 자 범어 등을 새기기도 하는데, 이는 신중이 가사를 입은 스님을 외호한다는 뜻을 담고 있다. 현재 전하는 가장 오래된 가사로는 신라 자장율사의 가사, 고려 대각국사의 가사, 조선 서산대사 가사 등이다. 대각국사 가사는 고려시대의 유물을 정교하게 모사하여 17세기 말이나 18세기 초에 제작된 것으로 보고 있다. 이 가사를 보면 상단에 25분의 부처님 명호를 새기고, 2단과 3단에 50분의 보살명, 4단에 21종의 경전명, 하단에 여러 존자명이 수놓여 있다. 또 각 조마다 통문을 낸 것은 물론, 네 귀퉁이

가사정대(ⓒ 대한불교조계종 총무부)

에는 사각의 작은 청색 천을 덧대고 '天'과 '王'을 수놓아 전
통 가사의 모습을 잘 보여 준다.

점안으로 생명을 불어넣기

—

가사가 완성되고 나면 본격적인 점안의식을 하기 전에 도
편수 스님으로부터 검사를 받아야 한다. 가사가 법칙대로
조성되었는지, 바느질은 넘치거나 모자람이 없는지, 통문은
제대로 냈는지 등을 살펴보고 잘못된 곳이 있으면 고치는
택가사擇袈裟과정을 거쳐 다림질해 법당에 건다. 이처럼 가
사불사에 동참한 사부대중이 모두 잘 볼 수 있도록 괘포를
매어 놓고 가사를 펴서 걸쳐 놓는 것을 '괘가사卦袈裟'라 한
다. 다음에는 창호지로 봉투를 만들어 가사를 담게 되는데
이 봉투를 '피봉皮封'이라 하고 피봉에 쓰는 서식書式을 '피
봉식'이라 한다. 피봉의 앞면에는 "봉헌우삼보자존전奉獻于三
寶慈尊前"이라고 써서 이 가사를 삼보전에 바친다는 뜻을 밝
히고, 그 아래나 뒷면에는 가사의 품계品階를 적으며, 불사가
원만히 진행되도록 대중스님들의 각자 맡은 소임을 표시하
는 '연화질緣化秩'을 적는다. 여기에는 가사불사의 책임을 맡

222

은 편수片手, 마름질이나 바느질을 하는 양공良工, 바느질 소임인 침선針線 등을 표시하게 된다. 피봉식이 끝나면 가사를 봉투에 넣어 신중단에 진설하고 점안식을 하게 된다.[22]

'가사점안袈裟點眼'은 가사에 생명을 불어넣는 의식으로, 점안을 마침으로써 비로소 일반 의복이 아니라 법복으로서 가사가 완성된다고 보았다. 『석문의범』에는 가사점안의식을 비롯하여, 통문불과 피봉식 등 가사불사와 관련된 내용을 상세히 소개하고 있어, 이를 참조하는 가운데 의식순서에 따라 간략하게 살펴보면 다음과 같다.

점안식에 앞서 삼대화상을 모시고 예를 올리는 '증명단 證明壇 예경'을 행하게 된다. 이는 가사불사 봉행이 원만하게 이루어지고 마장魔障이 따르지 않도록 잘 보살펴 주시기를 기원하는 뜻을 담고 있다. 가사불사를 증명하는 삼대화상 은 서천국西天國 108대조사 지공指空 대화상, 고려 나옹懶翁 대화상, 조선 무학無學 대화상이다. 이들을 모시게 된 연유 를 밝히는 「유치」와 청해 부르는 청사請詞를 하고 예배와 공 양을 올린다.

'점안의식'은 먼저 신중단에 가사를 안치하고 팔부신장께 의식을 옹호해 주기를 기원한다. 이어서 부처님 앞으로 가 사를 옮기는 이운의식으로 상단에 안치한 다음, 거불로 삼신불을 청하며 「유치」와 청사로 모시게 된다. 근래에는 통문을 만들지 못하는 경우가 많아 가사를 만들면서 읊는 「통문불」을 이때 염송하여 그 의미를 실천하기도 한다. 권공勸供과 예참을 거쳐, 가사를 두 손으로 받들어 이마에 댄 채 「정대게頂戴偈」를 읊는다. 이 「정대게」는 가사를 입을 때마다 읊게 되는데 그 뜻은 다음과 같다.

훌륭하도다, 해탈복이여!　　善哉解脫服

위없는 복전의로다.　　無上福田衣

내 지금 이를 받들어 지녔으니　　我今頂戴受

세세생생토록 가피를 얻을지라.　　世世常得被

가사를 받들어 축원한 다음 가사를 퇴수할 스님들이 각자 가사를 받아듦으로써 본격적인 점안의식은 끝난다. 이어서 하단에 퇴공하여 도량 내외의 유주무주 고혼에게 시식施食을 베풀어 가사불사의 공덕이 법계에 두루 미치도록 발원한다.

가사를 입을 때도 일정한 의식을 치른다. 가사가 걸린 횃대 앞에서 합장 반배한 다음, 걸려 있는 가사를 반으로 내려 반으로 접고 또 반으로 접어 이마에 댄 채 「정대게」를 읊는다. 가사를 입을 때는 몸 뒤로 넘겨 가사 고리와 구멍을 잡고 휘둘러 입는다. 오조가사는 목에 걸고 띠를 매어 입는다.[23]

전통방식에 따라 손바느질로 가사를 만드는 풍경은 사라졌지만, 지금도 가사불사의 점안의식은 전승되고 있다. 특히 신심이 깊은 불자들은 가사를 한 번 만지는 것만으로도 큰 공덕이며, 가사 조각을 지니면 모든 장애가 없어진다고 여겨 가사불사가 끝나면 천 조각을 나누어 받기도 한다. 『법화경法華經』에는 다음과 같은 가사공덕의 이야기가 나온다.

어느 날 부처님이 해변에서 선정에 들어 있을 때 용왕이 찾아와서 금시조金翅鳥가 나타나 어린 용들을 잡아먹는다며 간절히 도움을 청하였다. 이에 부처님은 "가사조각을 용의 몸에 붙여라"라고 일러주었다. 용왕이 스님의 가사를 얻어 작은 조각으로 나눈 뒤 모든 권속에게 붙여 놓았다. 금시조가 용왕의 새끼를 잡아먹으려고 와서 보니 모두 가사를 갖춘 스님들뿐이어서 감히 근처에도 가지 못한 채 물러가고 말았다.

금시조의 난을 물리친 가사 천 조각……. 이는 가사가 삼보의 한 존재인 승보를 보호하고, 불법을 상징하는 것임을 드러내는 이야기이다. 시주를 하는 이, 바느질을 하는 이, 시주를 받는 이가 모두 청정하고 지극한 마음으로 임하는 가사불사이기에 그만큼 공덕 또한 크고 깊을 것이다.

1_ 김태곤, 『한국민간신앙연구』, 집문당, 1983, 186~211쪽.

2_ 전용훈, 「17~18세기 서양과학의 도입과 갈등: 시헌력時憲曆 시행과 절기배치법節氣配置法에 대한 논란을 중심으로」, 『동방학지』 117, 연세대학교 국학연구원, 2002, 2~6쪽.

3_ 이창익, 「조선후기 역서의 우주론적 복합성에 대한 연구: 역법과 역주의 관계를 중심으로」, 서울대학교 대학원 박사논문, 2004, 57쪽.

4_ 朝鮮總督府, 『朝鮮の年中行事』, 1931, p.176.

5_ 『한국일보』, 1957. 10. 24.

6_ 남전 스님, 「생전예수재 윤달에만 하나요?」, 『불교신문』, 2012. 4. 21.

7_ 이에 대한 내용은 안진호 스님, 「생전예수」, 『석문의범: 상』, 만상회, 1935, 155~236쪽.

8_ 신병주, 「한푼, 두푼… 조선의 상공업을 열다」, 〈위클리 공감〉(http://www.korea.kr/gonggam).

9_ 혜일명조 스님, 『예수재』, 에세이퍼블리싱, 2011, 321쪽.

10_ 위의 책, 331쪽.

11_ 위의 책, 340쪽.

12_ 위의 책, 345쪽.

13_ 이효원, 「한국 불교의 순례공간에 대한 연구: 성지의 형성과정을 중심으로」, 『종교문화비평』 6, 청년사, 2004, 148쪽.

14_ 김호동, 「중세 중앙아시아, 인도의 생생한 기록: 현장의 '대당서역기'」, 『동양의 고전을 읽는다: 2』, 휴머니스트, 2006.

15_ 위의 글.

16_ 『삼국유사』 권4, 의해義解 제5, 「귀축제사歸竺諸師」.

17_ 김태준, 「승전문학에 보이는 신라인의 해외체험」, 『신라문화』 9, 동국대학교 신라문화연구소, 1988, 240쪽.

18_ 『태종실록』 권8, 1404(태종 4). 9. 21.

19_ 원영 스님, 『부처님과 제자들은 어떻게 살았을까』, 불광출판사, 2011, 112쪽.

20_ 위의 책, 114쪽.

21_ 문윤정, 「선지식을 찾아서: 무상스님」, 『현대불교신문』, 2008. 4. 2.

22_ 박부영, 「가사」, 『불교신문』, 2004. 7. 2.

23_ 박부영, 『불교풍속고금기』, 은행나무, 2005, 158~159쪽.

참고문헌_

『稼亭集』

『溪巖日錄』

『高麗史』

『高麗史節要』

『灌頂隨願往生十方淨土經』

『大寶積經』

『東國歲時記』

『東文選』

『白湖全書』

『法華經』

『佛說袈裟功德經』

『四分律』

『三國遺事』

『宋子大全』

『壽生經』

『十誦律』

『預修十王生七經』

『預修十王生七齋儀纂要』

『預修薦王通儀』

『入唐求法巡禮行記』

『朝鮮王朝實錄』

『地藏菩薩本願經』

『春秋穀梁傳』

『荊楚歲時記』

구미래, 「예수재」, 『한국세시풍속사전: 겨울편』, 국립민속박물관, 2006.

______, 「윤달 '세절밟기'의 민속적 전개와 제의적 특성」, 『실천민속학연구』10, 실천민속학회, 2007.

______, 「윤달의 민속심리와 주술·종교적 특성」, 『비교민속학』36, 비교민속학회, 2008.

국립문화재연구소, 『세시풍속』(경기도·강원도·충청북도·충청남도·전라

북도 · 전라남도 · 경상북도 · 경상남도 · 제주도 편),
　　　2000~2003.
국립민속박물관, 『한국세시풍속사전: 겨울편』, 2006.
김명자, 『세시풍속을 통해 본 윤달의 의미』, 『고문화』 49, 한국대학박물관협회,
　　　1996.
김정희, 『조선시대 지장시왕도 연구』, 일지사, 1996.
김태곤, 『한국민간신앙연구』, 집문당, 1983.
김태준, 「승전문학에 보이는 신라인의 해외체험」, 『신라문화』 9, 동국대학교 신라
　　　문화연구소, 1988.
김호동, 「중세 중앙아시아. 인도의 생생한 기록: 현장의 '대당서역기'」, 『동양의 고
　　　전을 읽는다: 2』, 휴머니스트, 2006.
대한불교조계종 포교원 포교연구실, 『생전예수재』, 조계종출판사, 2009.
대한불교조계종 포교원 포교연구실, 『절에 가는 날』, 조계종출판사, 2014.
동봉정휴 스님, 『일원곡 권7』, 대한불교조계종 우리절, 2003.
문화재관리국 문화재연구소, 『불교의식』, 1989.
박부영, 『불교풍속고금기』, 은행나무, 2005.
심상현, 「홍가사紅袈裟의 형태와 부착물에 대한 고찰: 한국불교의 홍가사를 중심으
　　　로」, 『영산재학회 논문집』 7, 옥천 범음대학, 2009.
안명숙, 「가사袈裟의 연의衍義에 관한 연구」, 동국대학교 대학원 박사논문, 1989.
안진호 스님, 『석문의범釋門儀範』, 만상회, 1935.
운허용하 스님, 『불교사전』, 동국역경원, 1961.
원영 스님, 『부처님과 제자들은 어떻게 살았을까』, 불광출판사, 2011.
이은성, 『역법曆法의 원리분석』, 정음사, 1985.
이창익, 「조선후기 역서의 우주론적 복합성에 대한 연구: 역법과 역주의 관계를
　　　중심으로」, 서울대학교 대학원 박사논문, 2004.
이효원, 「한국 불교의 순례공간에 대한 연구: 성지의 형성과정을 중심으로」, 『종
　　　교문화비평』 6, 한국종교문화연구소, 2004.
전용훈, 「17~18세기 서양과학의 도입과 갈등: 시헌력時憲曆 시행과 절기배치법節
　　　氣配置法에 대한 논란을 중심으로」, 『동방학지』 117, 연세대학교 국학연구
　　　원, 2002.
정각 스님, 『한국의 불교의례』, 운주사, 2001.

지명 스님, 『발우』, 생각의나무, 2002.
한국정신문화연구원, 『한국민족문화대백과사전』, 1991.
한정섭 편저, 『불교예수재 의식』, 불교정신문화연구원, 2004.
현장 스님, 권덕주 옮김, 『대당서역기』, 우리출판사, 1983.
혜일명조 스님, 『예수재』, 에세이퍼블리싱, 2011.

朝鮮總督府, 『朝鮮の年中行事』, 1931.
Jordan, Terry, G., Lester Rowntree, *Human Mosaic: A Thematic Introduction to Cultural Geography*, Boston: Addison-Wesley, 1985.

윤달과 신행생활

나 그리고 우리를 위한 복 짓기

초판 1쇄 펴냄 2014년 9월 11일

저　　자 | 구미래
발 행 인 | 이자승
편 집 인 | 김용환
펴 낸 곳 | 아름다운인연

책임편집 | 고주리
편　　집 | 김재호
제　　작 | 윤찬목, 인병철
마 케 팅 | 김영관

출판등록 | 제2003-120호(2003.7.3)
주　　소 | 서울 종로구 우정국로 67 대한불교조계종 전법회관 7층
전　　화 | 02-720-6107~9　　　팩　　스 | 02-733-6708
홈페이지 | www.jogyebook.com
도서보급 | 서적총판사업부 02-998-5847
구입문의 | 불교전문서점 02-2031-2070~3 / www.jbbook.co.kr

ⓒ 구미래, 2014
ISBN 979-11-5580-020-1　　03220

* 책값은 뒤표지에 있습니다.
* 저작권법에 의하여 보호를 받는 저작물이므로 무단으로 복사, 전재하거나 변형하여 사용할 수 없습니다.
* (주)조계종출판사의 수익금은 포교 · 교육 기금으로 활용됩니다.
* 도서출판 아름다운인연은 (주)조계종출판사의 출판브랜드입니다.
* 이 도서의 국립중앙도서관 출판예정도서목록(CIP)은 서지정보유통지원시스템 홈페이지(http://seoji.nl.go.kr)와
국가자료공동목록시스템(http://www.nl.go.kr/kolisnet)에서 이용하실 수 있습니다. (CIP제어번호 : CIP2014025319)